Ralf Sluzalek

Die Funktion der Rede im Faschismus

Mit einem Vorwort von
Gerhard Kraiker

Bibliotheks- und Informationssystem der Universität Oldenburg
1987

*In der rhetorischen Qualität beseelt
Kultur, die Gesellschaft, Tradition den
Gedanken; das blank Antirhetorische ist
verbündet mit der Barbarei, in welcher
das bürgerliche Denken endet.*

Theodor W. Adorno

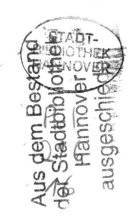

Umschlag: Klaus Beilstein, Gisbert Kleinhalz

Verlag/Vertrieb: Bibliotheks- und Informationssystem der Universität
Oldenburg, Uhlhornsweg 49-55, 2900 Oldenburg,
Tel.: 0441/798-2261

Druck: Druckzentrum der Universität Oldenburg

Bindearbeiten: Buchbinderei der Universitätsbibliothek Oldenburg

ISBN 3-8142-0211-2

Vorwort

Die vorliegenden Arbeit verweist auf rhetorische Strategien, die zur Steigerung der Massenwirksamkeit faschistischer Ideologien beitragen. Eine methodisch unproduktive Opposition zwischen 'individueller' und 'sozialer' Bewußtlosigkeit wird auf originelle Weise vermieden: Der Autor diskutiert Ansätze von Adorno, Benjamin, Bloch und Theweleit, die den Blick vom Auditorium aus auf den Redner und auf das beiden gleichermaßen eigene Potential des Unbewußten richten. Das Interesse liegt nicht in erster Linie darin, den vermutlichen Wirkungen von öffentlichen Reden nachzuspüren, sondern nach Bedürfnissen, Phantasien und unbewußten Wünschen zu fragen, die hinter ihnen vermutet werden können. Eine der Gelenkstellen zwischen redenden Faschisten und dem Auditorium ist damit identifiziert. Der faschismustheoretischen Analyse werden sozialpsychologische und psychoanalytische Aspekte dienstbar gemacht, die belegen, daß ein Kennzeichen wirkungsmächtiger Rhetorik offensichtlich ist, Rede und Antwort zugleich zu sein. Die nachgewiesene mühelose Anknüpfung der deutschen Faschisten an Traditionen der antiken Rhetorik konzentrieren die Aufmerksamkeit auf eine Zweck - Mittel - Rationalität, die geeignet ist, ein emotional motiviertes idealisiertes Rhetorikverständnis zu korrigieren. Diese Arbeit bietet Ansätze, die wirkungssoziologisch konkretisiert werden sollten.

Prof. Dr. Gerhard Kraiker

Inhalt

Ihr falschen Biederlinge, die ihr mein
lacht! Wovon lebt eure Politik, seit ihr die
Welt regiert? Vom Abstechen und Gemorde.

De Coster, Till Ulenspiegel

Vorbemerkungen

Die NSDAP, die parteipolitische und organisatorische Ausprä-
gung des deutschen Faschismus, kann erste Erfolge in Bayern
und im übrigen süddeutschen Raum erringen. Ihre weitere Entwicklung findet zunächst eine Unterbrechung nach dem geschei-
terten Putsch vom 9. November 1923. In der darauffolgenden
Phase relativer Stabilisierung spielt die inzwischen wieder
neugegründete NSDAP (Anfang 1925) im politischen Leben, trotz
ihrer Ausbreitung über nahezu das gesamte damalige Deutsche
Reich, keine nennenswerte Rolle. Erst mit der eskalierenden
Wirtschafts- und Staatskrise der Jahre 1929/30 beginnt ihr
dramatischer, gesellschaftlich relevanter Aufstieg.[1.] Im

1.) In dieser Examensarbeit auf die kontroverse Diskussion zur Einschätzung
des deutschen Nationalsozialismus und des Faschismusbegriffs einzugehen,
halte ich für wenig sinnvoll. Ich gehe im weiteren davon aus, daß die
NSDAP als politische Partei und die durch sie in Form und Inhalt ausgeübte Macht, sich unter dem Begriff 'Faschismus' subsumieren lassen.
Faschismus hat für mich die grundsätzliche Bedeutung einer bürgerlichen
Herrschaftsvariante, die vor allem dazu dient, die kapitalistische Pro-
duktionsweise aufrecht zu erhalten, besonders wenn in Krisenzeiten, bei
gefährdeten Verwertungsbedingungen, andere Formen bürgerlicher Herrschaft entweder bereits versagt haben oder die allgemeine Tendenz der
Entwicklung den Faschismus in seiner Funktion für den bürgerlichen Staat
unentbehrlich macht. Rainer Rotermundt bestätigt meine Einschätzung:

"Erkennt man die Sozialismusbedrohung als das Problem bürgerlicher Herrschaft seit der Novemberrevolution, so kommt man nicht umhin, den umfassenden Gegenschlag Nationalsozialismus als die der bürgerlichen Gesellschaft historisch-adäquate Antwort zu begreifen".
(Rainer Rotermundt, Verkehrte Utopien, Frankfurt 1980, S. 32.)

Daß es mir fern liegt, den deutschen Faschismus auf einen ökonomischen
Ansatz zu reduzieren oder ihn anhand oberflächlicher Diskussionsebenen,
wie "bloße Gewaltherrschaft", "Antidemokratie", "Führerstaat" oder ähn-
liches zu erklären, versichere ich und wird die Arbeit im weiteren
erweisen. Obwohl ich daran festhalte, daß solche Erklärungen komplemen-
täre Elemente einer umfassenden Faschismustheorie sein müssen. Im übrigen werde ich die Begriffe Faschismus und Nationalsozialismus synonym
verwenden, ohne dabei z.B. "Mussolinis Italien", "Hitlers Deutschland"
und "Pinochets Chile" über einen Kamm scheren zu wollen.

Februar 1920, in dem Hitler 25 Punkte als "Programm" seiner gerade erst aus der 'Deutschen Arbeiterpartei' hervorgegangenen NSDAP in einer Versammlung im Münchener Hofbräuhaus verkündet, beträgt ihre Mitgliederzahl lediglich etwa dreitausend.[2.] Entsprechend gering ist zu diesem Zeitpunkt selbst noch ihre lokale politische Bedeutung. In der weiteren Entwicklung steigt die Mitgliederzahl der NSDAP rapide auf runde achthunderttausend (!) bis Ende 1932 an.[3.] Die NSDAP, die zehn Jahre hindurch über die Bedeutung einer rechtsradikalen Splitterpartei nicht hinausgekommen ist, wächst zu einer nationalen Massenbewegung heran.[4.] Wie kann der deutsche Faschismus zur Massenwirksamkeit gelangen und diese bis weit in den 2. Weltkrieg hinein aufrechterhalten?[5.] Um einen wesentlichen Aspekt dieser Frage zu beantworten, will ich in meiner Arbeit die Propagandamaßnahmen der NSDAP, unter Berücksichtigung der besonderen Fragestellung nach dem angewendeten

2.) Vergl. Braunbuch, über Reichstagsbrand und Hitlerterror, Frankfurt 1978, S. 15

3.) Vergl. Martin Broszat, Der Staat Hitlers, München 1981, S.43

4.) Bei den Reichstagswahlen am 20.5.1928 erringt die NSDAP lediglich 2,6% des Stimmenanteils. Bereits bei der Wahl am 14.9.1930 darf sie mit 18,3% den ersten außergewöhnlich dynamischen Zuwachs für sich verbuchen, der nochmals - auch für damalige Verhältnisse - ganz erheblich auf 37,4% am 31.7.1932 gesteigert wird. Diese Stimmengewinne gehen zum ganz überwiegenden Teil zu Lasten der bürgerlichen Parteien und sind ebenfalls darauf zurückzuführen, daß die sonstigen Nichtwähler von der NSDAP mobilisiert werden können. Die beiden Arbeiterparteien, SPD und KPD, bleiben zwar nicht ganz ungeschoren, insgesamt jedoch verlieren sie nicht so entscheidend an Boden, zumindest nicht bei der organisierten Arbeiterschaft. Die NSDAP, die sich selbst als "nationale Massen- und Sammlungsbewegung" versteht, ist damit an ihrem Höhepunkt, was das seit 1925 verfolgte Ziel, einer legalen Machtübernahme durch Beteiligung an den Wahlen betrifft, angelangt. (Vergl. M. Broszat, Der Staat ... a.a.O. (3), S. 13)

5.) Erst etwa Anfang 1943, nach der Bekanntgabe der Niederlage von Stalingrad, den ersten ernsteren sozialen Auswirkungen des Krieges im Reich selbst und der systematischen Bombardierung der Industrie- und Wohngebiete in den Großstädten wurde ein langsam beginnender Stimmungsschwund erkennbar. In einem Bericht der NSDAP-Gauleitung Sachsen heißt es: "Die Stimmung kann man in weiten Kreisen als ausgesprochen schlecht bezeichnen. Defaitismus macht sich breit." (Zit. nach Jörg Bohse, Elemente vom Pseudoklassenkampf in Goebbels Rede zum 'totalen Krieg', in: Rhetorik, Ästhetik, Ideologie, Joachim Goth, Karl Michael Balzer u.a., Stuttgart 1973, S. 220)

rhetorischen Instrumentarium, beleuchten.• ·' Die notwendige
Eingrenzung zu ihrer Präzisierung soll durch die Untersuchung
der Funktion der öffentlichen Rede als propagandistisches
Mittel erfolgen. Die allgemeinste Frage, die ich umfassend
beantworten will, lautet: Welche Funktion hat die Rede im
Faschismus?

Im ersten Teil der Arbeit werde ich einen kurzen Überblick
über die zu diesem Thema vorliegende und mir zugängliche
Literatur vornehmen. Wichtige Aussagen werde ich referieren
und mit einer kritischen Stellungnahme konfrontieren. Da ich
grundsätzlich davon ausgehe, daß der deutsche Faschismus eine
ungebrochene Kontinuität zur bürgerlichen Gesellschaft auf-
weist und sich deshalb in seinen Propagandamaßnahmen und den
damit verbundenen rhetorischen Elementen zur Steigerung seiner
Massenwirksamkeit nicht entscheidend von einem bereits vorhandenen Fundus abgrenzen läßt, will ich auf seine Anknüpfungs-
punkte bei den bürgerlichen Parteien, bzw. SPD und KPD, während und nach der Weimarer Republik, hinweisen. Der dabei
zutage tretende Eklektizismus und die neue Zusammensetzung der
propagandistischen Aussagen sind lediglich revolutionärer
Schein und besitzen keine wirkliche Substanz.
Den ersten Komplex werde ich damit abschließen, das Rhetorikverständnis der Nationalsozialisten zu erläutern. Die Darge-
legung des Stellenwertes und die Aufgabe des gesprochenen
Wortes in ihrem Selbstverständnis soll den Zusammenhang zwischen ethischen Fragestellungen und dem Einsatz rhetorischer
Mittel verdeutlichen. Dabei ist es mir wichtig darauf hinzu-
weisen, daß es den Nationalsozialisten gelungen ist, im Bereich der rhetorischen Psychologie, sich mühelos die klassische antike Rhetorik nutzbar zu machen. Die in diesem Sinne

6.) Ich verstehe unter Rhetorik eine Kunstlehre des Redens, die den Zweck
(opus) hat, die Zuhörer zu gewinnen. Dazu gibt es zwei, bereits in der
antiken Rhetorik formulierte Hauptmittel: "den Appell an den Verstand,
das docere, das durch Beweise , (...) probationes, Enthymeme erfolgt,
und zweitens die Erregung der Gefühle, die Weckung der Affekte...". Die
Systematisierung dieser Mittel im Hinblick auf die gegebenen Voraussetzungen, wie Ort, Zeit und Raum, verschafft dem jeweiligen Redner die
Möglichkeit, seine Interessen durchzusetzen.
(Vergl. Klaus Dockhorn, Macht und Wirkung der Rhetorik, Berlin 1968,
S. 13)

3

vor mir befragten Rhetoriklehrbücher des Nationalsozialismus belegen die gelungene Fortsetzung der klassischen Tradition.

Im zweiten Teil geht es mir darum, die Funktion der öffentlichen Rede im Faschismus zu bestimmen und zu begründen. Im wesentlichen können ihr vier Funktionen zugesprochen werden. Sie dient der Erzeugung und Zusammenfügung von Massen im psychodynamischen Vereinigungsakt, wie ihn Theweleit beschreibt, weiterhin der Verschleierung der realen ökonomischen Verhältnisse, die durch die Schaffung von Ganzheitsmythen und ästhetischen Überlagerungen vorgenommen wird. Die dritte Funktion sehe ich in der Legitimation von Herrschaft, durch die Kontrolle von Denkbildern (Topoi) und ihrer Wirkung bei der Bevölkerung, sowie in der Androhung von Gewalt. Die wichtigste Funktion liegt für mich in der Emotionalisierung, bzw. psychischen Erregung des Auditoriums durch die Befreiung der angestauten Lustgefühle. Ein Hinweis auf die Wirkung der Rhetorik des Bildes beschließt und rundet diesen Teil der Arbeit ab. Im letzten Punkt des Hauptteils gebe ich anhand einer von Hitler öffentlich gehaltenen Rede eine Darstellung, die nach klassischem Vorbild die dispositio gliedert. Zudem weise ich exemplarisch die Anwendung rhetorischer Mittel nach.

In der Zusammenfassung will ich die wichtigsten Aussagen nochmals hervorheben und in einem Ausblick die Bedeutung der Rhetorik für die Aufdeckung gesellschaftlicher Konflikte unterstreichen.
Die Art der Beziehung zwischen Nationalsozialismus und Bevölkerung ist von Anfang an durch die Prinzipien 'Befehl und Gehorsam' bzw. 'Führer und Gefolgschaft' bestimmt. Ich gehe davon aus, daß sich 'Gefolgschaft' nicht durch bloße Einflüsterung von oben herstellen läßt. Um Erfolg zu haben, müssen die von den Faschisten ergriffenen Propagandamaßnahmen und der Einsatz der Rhetorik an die kognitiven und vor allem an die emotionalen Dispositionen der Angesprochenen anknüpfen. Eine Erklärung, die den Erfolg der Nationalsozialisten allein aus ihrer Demagogie, aus einer "Verneblung der Massen" ableitet, greift, wie bereits Ernst Bloch im November 1936 aufge-

zeigt hat, viel zu kurz.[7]

Die Entwicklung meiner Kritik an dogmatisch-marxistischen Erklärungen weist darauf hin, daß ich davon ausgehe, daß die Massenbasis des Nationalsozialismus sich nicht unmittelbar aus seiner politischen oder ökonomischen Funktion ableiten läßt.[8] Schon 1933 stellt z.b. Wilhelm Reich fest, "daß die wirtschaftliche Krise, die der Erwartung nach eine Linksentwicklung der Ideologie der Massen hätte mit sich bringen müssen,

7.) "Damit er (der Mann, der sich etwas sagen läßt, R.S.) zuhört, muß er von seiner Lage her gepackt sein, und zwar zunächst von seiner Lage, wie sie sich ihm spiegelt. Erst dann hat das weitere Aussicht, gehört und verstanden zu werden, erweckt es Vertrauen. Das aber gelingt nie von außen oder von oben her, als überlegen nahendes Selberwissen. Von oben kommt man Fliegen bei, nicht Menschen."
(Ernst Bloch, Vom Hasard zur Katastrophe, Frankfurt 1972, S. 103)

Den Fehler, das Verhältnis zwischen den faschistischen Führern und der Bevölkerung allein als Dimension 'Führer - Verführte' darzustellen, in der die Rede lediglich nationalsozialistisches Manipulationsmittel, bloße Demagogie sein soll, tritt z.b. in der Arbeit von Joachim Petzold auf.
"Um Millionen Menschen in einen rauschartigen Zustand zu treiben, der sich in Wahlprozenten niederschlagen und den Nazis den Weg zur Regierung ebnen sollte, wurden alle Register moderner Propagandatechnik gezogen und neue Formen der Massenbeeinflussung entwickelt."
(Joachim Petzold, Die Demagogie des Hitlerfaschismus, Frankfurt 1983, S. 325)

Aus dem Zitat wird deutlich, daß Petzold davon ausgeht, daß auf der einen Seite der faschistische Führer und auf der anderen die Bevölkerung steht, die Opfer einer suggestiven Beeinflussung wird. Die einzelnen Mitglieder der Bevölkerung, die sogar bereit sind, Eintritt für nationalsozialistische Veranstaltungen zu zahlen, müssen jedoch ihrerseits auch etwas von den Faschisten gewollt haben. Die Kräfte, die im Auditorium wirksam werden, die Gründe dafür, den Faschisten zuhören zu wollen, werden von solchen Ansätzen unterschlagen.

8.) Ich will mich in diesem Zusammenhang von linken "Machtergreifungstheorien" abgrenzen, nach denen der deutsche Faschismus sich hauptsächlich daraus erklärt, daß Hitler im Auftrag der Großindustrie und anderer Interessengruppen die Macht übernimmt. Berücksichtigt werden muß nach dieser Theorie allenfalls noch der ausgeübte Terror und die Faschismusanfälligkeit des Kleinbürgertums, aufgrund der drohenden Proletarisierung. Ich will weder bestreiten, daß Hitler von der Großindustrie bezahlt wird, noch, daß kleinbürgerliche Schichten die Massenbasis des Nationalsozialismus bilden. Jedoch bestreite ich, daß damit allein der Nationalsozialismus erklärbar ist. Eine Geschichtsschreibung von oben wird damit nicht durchbrochen, auf die Herrschenden zu starren und die Beherrschten lediglich zum bloßen Objekt, zum unschuldigen und verführten Opfer, zu degradieren. Der Nationalsozialismus verführt und manipuliert nach der traditionellen linken Faschismusinterpretation die Deutschen. Die notwendige Frage, die sich für mich daraus ableitet, lautet: Warum ließen sie sich "verführen"?

5

zu einer extremen Rechtsentwicklung (...) geführt hatte. Es
ergab sich eine Schere zwischen der Entwicklung in der ökonomischen Basis, die nach links drängte, und der Entwicklung der
Ideologie breiter Schichten nach rechts."[9.]

Ein besonderes Merkmal des deutschen Faschismus ist nach meinem Wissensstand der Rückhalt bei großen Teilen der Bevölkerung gewesen. Reich, Bloch, Adorno, Horkheimer, Marcuse und
andere versuchen mit Hilfe sozialpsychologischer, sozialhi-
storischer und psychoanalytischer Methoden, Erklärungen für
dieses Phänomen zu finden.[10.] Es liegt deshalb auf der Hand,

Es gilt deshalb das gesellschaftliche Bewußtsein der Menschen als be-
wußtes Sein zu begreifen, d.h. als historisch bestimmte Form, die
Gesellschaft samt ihren Problemen in den Köpfen annimmt. Das ist weder
allein eine Frage der Sozialisation, noch psychischer Zufall. Menschliches Bewußtsein, wie "verkehrt" auch immer, bildet einen kontinuierli-
chen Teil- und nicht Gegensatz oder Spiegelbild - dessen, was wir die
objektiven, die berühmten materiellen Verhältnisse nennen. Sie bestehen
nicht ohne gesellschaftliches Bewußtsein und es nicht ohne die materiellen Verhältnisse. Deswegen besteht nationalsozialistische Herrschaft
nicht ohne Beherrschte, oder anders: ohne Akzeptanz oder Passivität ist
Nationalsozialismus nicht denkbar. Welche Bewußtseinselemente also lassen warum diese Art der Herrschaft zu? Diese Frage wird von marxistischen Theoretikern, die die ökonomische Basis allein zum bewußtseinsbe-
stimmenden Element erklären, nicht beantwortet.

9.) Wilhelm Reich, Die Massenspychologie des Faschismus, Köln-Berlin 1971,
    S. 30/31

10.) Die Auseinandersetzung mit dem Nationalsozialismus lediglich auf Grund-
     lage der von Georgi Dimitroff 1935 formulierten Faschismusanalyse konn-
     te das von W. Reich beschriebene Modell der Schere nicht erklären.
     "Der Faschismus an der Macht, ist, (...) die offene, terroristische
     Diktatur der reaktionärsten, chauvinistischen, am meisten imperialisti-
     schen Elemente des Finanzkapitals." (Zit. nach Reinhard Kühnl, (Hg.),
     Texte zur Faschismusdiskussion I, Reinbek 1974, S.58)
     Das Beharren auf dieser Faschismusanalyse erklärt letztlich auch den
     bereits erwähnten fehlerhaften Ansatz von J. Petzold, der die Dialektik
     von Basis und Überbau nicht genügend berücksichtigt; im übrigen ein
     Fehler, auf den Friedrich Engels bereits 1890, natürlich in völlig
     anderen Zusammenhängen, aufmerksam gemacht hat:
     "Die ökonomische Lage ist die Basis, aber die verschiedenen Momente des
     Überbaus (...) üben auch ihre Einwirkung auf den Verlauf der geschicht-
     lichen Kämpfe aus und bestimmen in vielen Fällen vorwiegend deren
     Form."
     (Friedrich Engels, Engels an Joseph Bloch in Königsberg, in: MEW 37,
     S. 463)

daß ich im weiteren versuchen werde, mich an diesen Theorien zu orientieren, um eine spezifisch rhetorische Fragestellung, die keine der Rhetorik allein sein kann, zu beantworten.[11.]

Was also geschah während des Aktes der Rede im Faschismus, in der sich die in der hierarchischen Struktur der Ortsgruppen-, Kreis-, Gau- und Reichsredner organisierten Frauen und Männer und das Auditorium gegenüberstanden? Zur Annäherung an die Frage will ich die für mich wichtigste Funktion der Rede im Faschismus, die affektive, psychologische Erregung der Zuhörerschaft, besonders würdigen. Wie wird der Erregungszustand erreicht? Wie befreit der faschistische Redner die im Publikum vorhandenen affektiven Ströme im Akt der Rede? So viele Berichte. So viele Fragen.

11.) "Wer nichts als Chemie versteht, schrieb Lichtenberg, versteht auch die nicht recht. Für den Bereich der Kulturwissenschaften müßte diese Behauptung womöglich noch spontaner einleuchten."
(J. Bohse, Elemente ..., a.a.O. (5), S. 2)

7

1. Propaganda und Rhetorik im Faschismus. Ein Ensemble des bereits vorhandenen

Es ist sinnvoll, Überlegungen vorzuschalten, ob die These von einer speziellen faschistischen Sprache, Propaganda oder gar Rhetorik ohne weitere Diskussion hingenommen werden darf. Ich fürchte, daß solche Charakterisierungen die Gefahr verstärken, den deutschen Faschismus als eine geschichtliche Epoche zu verstehen, die mit dem 8. Mai 1945 ihr endgültiges Ende gefunden hat. Nach meinem Kenntnisstand der Faschismusdiskussion entspricht dem Nationalsozialismus jedoch gegenüber Kaiserreich und Weimarer Republik, aber auch der BRD, keine grundsätzlich verschiedene gesellschaftliche Basis. Wenn es richtig ist, daß Rhetorik und Sprache auch Kultur und Philosophie bedeuten und sie zeitlich und räumlich eine Vielzahl organisch koordinierter Tatsachen beinhalten, dann gehört zu einer Untersuchung sprachlicher, propagandistischer und rhetorischer Erscheinungen des Nationalsozialismus die Analyse solcher Entwicklungen mindestens seit Beginn des 19. Jahrhunderts dazu. Der Zeitraum nach 1945 darf ebenfalls nicht unberücksichtigt bleiben. Unter diesen Voraussetzungen erscheinen mir der Gebrauch von Termini wie "faschistische Rhetorik" oder "faschistische Sprache", leider auch von linken Wissenschaftlern (z.B. Winckler und Ammon), allzu leichtfertig.

Der Lärm verheißt die Verstärkung,
auf die man hofft, und er ist ein
glückliches Omen für die kommenden
Taten.

Elias Canetti

1.1 Das Inventar des revolutionären Scheins

In vielen Arbeiten, die zumeist sprachanalytischen Charakter
haben, semantische Probleme behandeln oder Ergebnisse text-
linguistischer Untersuchungen publizieren, werden sehr häufig
bestimmte Begriffe, aus von Faschisten gehaltenen Reden oder
verfaßten Texten, auf ihren Gehalt hin befragt. Ausnahmslos
erfolgt dann daraus die Entlarvung eines angeblich ganz eigenen faschistischen Vokabulars. Zumeist wird ausgesagt, daß es
sich bei der 'Sprache des Nationalsozialismus' um etwas ganz
neues handelt, selbst, daß es eine geschlossene Theorie dieser
Sprache gibt.[12.] Ganz allgemein wird hier der Sprache die
Funktion zugeschrieben, daß es ihr "fast natürliches Geheimnis
ist, daß sie sich selbst, d.h. ihre Sprecher, verrät."[13.] Es
ist zwar richtig, daß der Sprachgebrauch etwas über das Bewußtsein des Sprechers aussagt, doch machen Vokabeln allein
noch keinen Faschisten aus. Auf Faschismus kann Sprache nur im
Zusammenhang mit Kenntnis der Formen politischer Machtaus-
übung, der Gewalt, die hinter dem Herrschaftsanspruch steht
und durch die Interessen und Ziele, die mit der Herrschaft
verfolgt werden, hinweisen. Allein der Gebrauch eines Wortes
weist für die Verfechter des von mir kritisierten Ansatzes
jedoch bereits genügend begründet auf "Heuchler und Tyran-

12.) Als Beispiel führe ich einige Werke an, welche bereits im Titel eine
solche Art und Weise im Umgang mit der aufgeworfenen Fragestellung
erkennen lassen.
- Victor Klemperer, LTI, Die Sprache des Dritten Reiches, Frankfurt 1982
- Cornelia Berning, Die Sprache des Nationalsozialismus, in: Zeit-
schrift für deutsche Wortforschung, 1960
- Rolf Bachem, Zur Sprache des Nationalsozialismus, in: ders. Einfüh-
rung in die Analyse politischer Texte, München 1979
- Eugen Seidel, Ingeborg Seidel-Slotty, Sprachwandel im Dritten Reich,
Halle (Saale) 1961

13.) Sternberger, Dolf, u.a., Aus dem Wörterbuch des Unmenschen, Hamburg
1968, S. 73

nen"[14.] hin, die sich personifiziert in den nationalsozialistischen Führern verbergen. Hitler und Goebbels, das ist allen
Arbeiten gemeinsam, werden als Schöpfer einer 'nationalsozialistischen Sprache' dargestellt. Die Gründe für die in der
Konsequenz der 'Einzeltätertheorie'[15.] Vorschub leistende
Herangehensweise scheinen mir vor allem auf wissenschaftstheo-
retischem Gebiet zu liegen.

Wörter oder Wortfelder werden aus ihrem Gesamtkontext heraus-
genommen, isoliert und dann als typisch faschistisch vorge-
führt. Die Gefahr dieser Arbeiten liegt m.E. darin, daß sie
sich nicht mehr auf gesellschaftliche Zusammenhänge beziehen

14.) ebd.

15.) Als 'Einzeltätertheorie' bezeichne ich die Faschismusinterpretation,
die den Aufstieg und die Politik des Faschismus im wesentlichen aus dem
Denken, Wollen und Handeln des faschistischen Führers ableitet. Methodisch ist diese Forschung auf Hitler konzentriert: auf seinen Lebensweg
und seinen Charakter, seine Weltanschauung und seine Handlungen. Sie
beruht auf der These des Historismus, daß der Gegenstand der Geschichtswissenschaft das Einmalige, Individuelle, die außergewöhnliche
Persönlichkeit sei und daß es die "großen Männer" sind, die "die
Geschichte machen". Die Anzahl der Schriften, die mit dieser Darstel-
lungsweise arbeiten, ist uferlos und keineswegs auf die BRD beschränkt.
Die bekanntesten BRD-Vertreter dieser "Theorie" sind Golo Mann und
Joachim Fest. ("Tatsächlich war er (Hitler, R.S.) in einem wohl bei-
spiellosen Grade alles aus sich und alles in einem: Lehrer seiner
selbst, Organisator einer Partei und Schöpfer ihrer Ideologie, Taktiker
und demagogische Heilsgestalt, Führer, Staatsmann und während eines
Jahrzehnts Bewegungszentrum der Welt." Vergl.J.C. Fest, Hitler, Berlin-
West 1973, S. 18)
Ohne die Figur Hitler und ihre Bedeutung unterschätzen zu wollen,
können mit der 'Einzeltätertheorie' wesentliche Fragen nicht beantwortet werden. Wie kommt es, daß nach 1918 in fast allen kapitalistischen
Ländern faschistische Bewegungen entstehen? Woher kommen die ideologischen Elemente, die der Faschismus propagiert? Welche Bedingungen
(ökonomische und psychologische) lassen große Teile der Bevölkerung zu
Anhängern des Faschismus werden? Warum sind bestimmte Sozialschichten
besonders faschismusanfällig? Warum gelangen die Führer der Industrie-
und Bankkonzerne an die Schalthebel der Macht, während Teile der Arbeiterbewegung in die Zuchthäuser oder Konzentrationslager geworfen werden?
Sie zu beantworten, heißt eine Analyse der Gesellschaftsstruktur zu
verlangen und machen Hitler und den Faschismus als Repräsentanten der
sozialen Kräfte sichtbar, die in der BRD nach 1945 wiederum an die
Macht gelangen. In dem Bestreben, die bürgerliche Gesellschaft und das
Bürgertum als soziale Klasse freizusprechen, wird die Aufmerksamkeit
auf ein einziges Phänomen, den faschistischen Führer, konzentriert. Der
Zusammenhang zwischen Kapitalismus und Faschismus, bzw. Kapitalismus
und bürgerlicher Gesellschaft soll mit der 'Einzeltätertheorie' unterdrückt werden.
(Vergl. Reinhard Kühnl, Faschismustheorien 2, Reinbek 1979)

und die gleichen Methoden anwenden, die sie den Faschisten
vorwerfen.[16.)]

Gerhard Voigt behauptet meiner Ansicht nach völlig zu Recht,
daß die Theorie einer 'Sprache des Nationalsozialismus' "un-
spezifisch formal"[17.)] sei, sich den Vorwurf der "Geschichtslosigkeit"[18.)] gefallen lassen muß und zudem von einer überbe-
wertung der Möglichkeiten von Sprache geprägt ist. Voigts
Arbeit weist nach, daß der Einfluß des Nationalsozialismus auf
die Sprache keine entscheidende Rolle gespielt hat. Die
Funktion, der auch von ihm abgelehnten Ansätze, liegt für mich
zuerst darin, das Bürgertum aus seiner Kontinuität zum
Faschismus freizusprechen. Der Faschismus soll als die Sache
einiger besonders bösartiger Männer charakterisiert werden,
das muß sich schließlich auch und besonders in der These der
den Nationalsozialisten eigenen Sprache verifizieren.[19.)] Der

16.) Eine ähnliche Methode, das Verhältnis zwischen Sprache und Nationalsozialismus zu bestimmen, nahm z.B. Manfred Pechau, selbst überzeugter
Parteigänger der Faschisten und SA-Mann, in seiner Dissertation 1935
vor:
"Gern bedient sich die nationalsozialistische Sprache der Neubildungen,
deren größte Zahl bei den Benennungen der Parteiorganisation anzutref-
fen sind."
(Manfred Pechau, Nationalsozialismus und deutsche Sprache, Halle
(Saale) 1935, Dissertation, S. 11)

Besonders zu Klemperers Arbeit (s. Anmerkung 12) lassen sich Kontinui-
täten feststellen, denn auch er macht ausdrücklich die "Neuschöpfungen"
der 'Sprache der Nationalsozialisten ' an den vielen eingeführten
parteiamtlichen Bezeichnungen fest. Pechau wendet im übrigen im zweiten
Teil seiner Dissertation die von mir abgelehnte Methode, der willkürlichen Untersuchung einzelner Worte, "beispielhaft" an. Natürlich muß
Klemperer, Berning und anderen zugute gehalten werden, daß sie - verhaftet in ihrem Wissenschaftsverständnis - den Nationalsozialismus
entschieden ablehnen und versuchen, eine subjektiv ehrliche Gegenkon-
zeption zu entwickeln.

17.) Gerhard Voigt, Bericht vom Ende der 'Sprache des Nationalsozialismus',
in: ders., Diskussion Deutsch 19/1974, S. 447

18.) ebd. S. 451

19.) Walter Dieckmann stellt fest, daß die politische Sprache des 19. Jahrhunderts bisher nur sehr lückenhaft erforscht ist. Der Umstand wirkt
sich seiner Meinung nach zwangsläufig ungünstig beim Studium des 20.
Jahrhunderts aus. Es kommt für ihn darauf an, "eine Darstellung der
Sprache der sozialistischen Bewegung, (und) eine Aufhellung des ideologischen Reservoirs, aus dem der Nationalsozialismus schöpfte", anhand
der "Fäden rückwärts ins 19. Jahrhundert", vorzunehmen.
(Walter Dieckmann, Sprache in der Politik, Heidelberg 1975, S. 23)

11

eigene Sprachgebrauch während der Zeit des Nationalsozialismus
ist gekennzeichnet durch ein "ein Benutzen von Formeln, die
man übernahm, weil sie von den mit Sanktionen Drohenden erwartet wurden, die man aber nicht eigentlich selbst akzeptier-
te".[20.] Der Nationalsozialismus ist bis in die Sprach-
schöpfung hinein also schlechthin das Werk "der anderen".[21.]

Eine weitere Umschau in der Literatur spiegelt ganz deutlich
das zweifelhafte Niveau der Auseinandersetzung mit dem Faschismus nach 1945 in der Bundesrepublik wider.[22.] Margareta
Wedleff z.B. untersucht Hitlers Maireden vor allem auf die
Häufung von Stilmitteln, die sie als "zum rhetorischen Arsenal
der Politiker"[23.] gehörig begreift. "Übertreibungen in Zeit
und Raum", "Hyperbeln und Pleonasmen"[24.] usw., sind ihre
formalen Kriterien. Was sie von den zuvor erwähnten Arbeiten
unterscheidet, ist zusätzlich ihre hilflose Einschätzung der
Rhetorik Hitlers. Nachdem sie ihm ebenfalls einen eigenen
Wortschatz und spezifischen Sprachstil zugesteht, gelangt sie
zu der Überzeugung, "daß der Erfolg seiner Reden (...), an
seiner hypnotischen Kraft (lag)".[25.]
Diese Einschätzung teilt mit ihr R. H. Phelps, der meint,
"kein Zweifel aber, daß die Zauberkünste des Volksredners
Hitler den wachsenden Erfolg der Partei verursachen".[26.] G.
Moltmann betreibt, ähnlich wie Wedleff, pseudopsychologische

Auch Tucholsky argumentiert sehr ähnlich, wenn er schreibt:
"Der Ton ist vom Kaiser entlehnt..."
(Kurt Tucholsky, So verschieden ist es im menschlichen Leben, Werke Bd.
9, Reinbek 1975, S. 182)

20.) Rolf Bachem, Zur Sprache ..., a.a.O. (12), S. 123

21.) ebd.

22.) siehe Anmerkung 15

23.) Margareta Wedleff, Zum Stil in Hitlers Maireden, in: Muttersprache,
Zeitschrift zur Pflege und Erforschung der deutschen Sprache, Jahrgang
1970, S. 108

24.) ebd.

25.) ebd. S. 110

26.) Reginald H. Phelps, Hitlers "grundlegende" Rede über den Antisemitismus, in: Vierteljahreshefte für Zeitgeschichte, 16/1968, S. 2

Studien, wenn er behauptet, daß Goebbels Methoden anwendet,
"die die Menge (...) hypnotisierten."[27·] Da Moltmann diese
bezeichnende Feststellung im Zusammenhang der Rede Goebbels'
zum 'totalen Krieg' vornimmt, beleuchtet er insofern den zeit-
politischen Hintergrund und die Einbettung in das von den
Faschisten gestaltete propagandistische Inszenario. Zu der von
den Nationalsozialisten angewendeten Propaganda und Rhetorik
gibt er die Auskunft, daß "weder die Gründe für die begeisterte Bereitschaft des Publikums ausreichend geklärt (sind), noch
ist die propagandistische Raffinesse des Veranstalters befrie-
digend analysiert."[28·] Für diese für Moltmann noch offenen
Fragen hat Walter Jens eine Erklärung. Er strebt zunächst eine
klare Unterscheidung zwischen Propaganda und Rhetorik an, denn
deren Gleichsetzung bedeutet für ihn nichts anderes "als beispielsweise, die Gleichsetzung von Theologie und Homile-
tik..."[29·] Die Propaganda ist letztlich nur das negative
Abbild der positiv besetzten Rhetorik. Während Rhetorik eine
Disziplin sei, "die nicht nur, als ars oratoria oder rhetorica
utens"[30·] zu beeinflussen versucht, "sondern als ars rhetorica oder rhetorica docens, auch über Ziel und Zweck, Recht und
Notwendigkeit, Humanität und Moral jener Strategie reflek-
tiert",[31·] steht Propaganda für die Inszenierung von Gewalt
in der "nur noch Feind-Freund-Gefühle"[32·] und das "Denken
durch das Diktat "[33·] ermöglicht werden. Der Rhetorik werden
von Walter Jens allein die positiven Ideale zugesprochen, die
spezifisch "braune Rhetorik" der Nationalsozialisten künstlich
von ihr ferngehalten.[34·]

27.) Günter Moltmann, Goebbels' Rede zum 'totalen Krieg' am 18. Februar
1943, in: Vierteljahresheft für Zeitgeschichte, 12/1964, S. 27

28.) ebd. S. 15

29.) Walter Jens, Von deutscher Rede, München 1983, S. 13

30.) ebd. S. 12

31.) ebd.

32.) ebd. S. 22

33.) ebd.

34.) ebd. S. 39

Auch Otfried Dankelmann geht davon aus, daß "die faschistische deutsche Propaganda"[35.] als solche identifizierbar sei und zudem als besonderes Charakteristikum "plumpe Ausfälle und Drohungen" enthält.[36.]

Ich gehe im Gegensatz dazu davon aus, daß die deutschen Faschisten nicht "die Anderen" mit einem ganz eigenen Vokabular, einer eigenen Sprache, mit dämonischen Fähigkeiten ausgestattet und einer genuin eigenen Propaganda bzw. Rhetorik gewesen sind. Vielmehr sehe ich das, worauf Ernst Bloch schon 1935 verwiesen hat, daß nämlich der Faschismus, dessen gesellschaftliche Funktion hauptsächlich die Aufrechterhaltung der politischen und sozialen Herrschaft des Kapitals gewesen ist, zur Mobilisierung der im Prinzip antikapitalistischen Teile der Bevölkerung sich "sozialistisch tarnte".[37.] Dieser gestohlene sozialistische Schein ging u.a. bis in die Elemente

---

35.) Otfried Dankelmann, Der faschistische "Große Plan", in: Zeitschrift für Geschichtswissenschaft, Heft 17, 1969, S. 602

36.) ebd.

37.) Bloch führt weiter aus: "Zu diesem Zweck muß seine (des Faschismus, R.S.) Propaganda lauter revolutionären Schein entwickeln, ausstaffiert mit Entwendungen aus der Kommune."
(Ernst Block, Erbschaft dieser Zeit, Frankfurt 1981, S. 70)

In der Aufsatzsammlung 'Vom Hasard zur Katastrophe' behauptet er, daß die "die Reaktion überhaupt wenig Neues (zeigt), ihre Rezepte sind sich mindestens seit vierhundert Jahren ähnlich; Melanchton spricht von Münzer und dem 'Döringischen Uffrur' ähnlich verleumderisch wie ein Nazi vom Kommunismus; in der Antisemitenbewegung der siebziger Jahre ist schon die ganze Gemeinheit, im Untrieb der 'Schwarzen Hundert' die ganze Roheit des Nazismus."
(Ernst Block, Vom Hasard ..., a.a.O. (7), S. 383)

Teile der Arbeiterklasse werden vor allem durch die Politik und Programmatik der "nationalsozialistischen Linken" angesprochen. Sie unterstützt eine gewisse Zeit soziale Kämpfe und nimmt aktiv an Streiks teil, die von Arbeitern - soweit noch möglich - organisiert werden. Im wirtschaftlichen Sofortprogramm der NSDAP, ausgearbeitet von der Hauptabteilung IV (Wirtschaft), liest sich eine scheinbar sozialistische These so: "... ein weiterer Schritt zur Entproletarisierung des schaffenden Volkes (und) der besitzlosen Arbeiterschaft zum Erwerb eines Eigenheims zu verhelfen", das "sind die Grundlagen der sozialen Befreiung des Arbeiters".
(Vgl. Kampfschrift, Broschürenreihe der Reichspropagandaleitung der NSDAP, Heft 16, Berlin 1932, S. 6 - 14)

des Wortgebrauchs der Arbeiterbewegung hinein.[38.)] Das "Schwindelmonstrum", das sich "Arbeiterpartei" nannte, "stahl zuerst die rote Farbe" und dann stahl man die Straße, den Druck, den sie ausübt, und vieles was "die roten Frontkämpfer begonnen hatten: den Wald von Fahnen, den Einmarsch in den Saal" und nicht zuletzt "revoluzzerhafte Reden und Kampfformen".[39.)]
Weiterhin knüpfen die Nationalsozialisten an herrschaftstechnisch kalkulierte propagandistische Felder an, die bis dahin von bürgerlichen, besonders deutschnationalen Kräften, besetzt gewesen sind. Aggressiver Nationalismus in Verbindung mit dem sogenannten "Schandfrieden von Versailles"[40.)] und der Kampf gegen die mißliebige Weimarer Republik, das Versprechen einer ständisch gegliederten Produktion, die vorkapitalistische Welt der Kleingewerbetreibenden, der kleinen Geschäftsleute und Handwerker und auch die gezielte Ansprache des durch ihr Erblehen bodenständig geprägten Bauerntums, waren programmatische Elemente der Faschisten.[41.)] Gerhard Voigt weist auf die

38.) Im nationalsozialistischen Reichsarbeitsdienst werden sogar Arbeitersprechchöre gebildet, die den Ausgang ihrer kulturellen Entwicklung in der Sowjetunion haben und von der deutschen Arbeiterbewegung Anfang der 20er Jahre übernommen werden. Mit dem Eindringen in eine typische kulturelle Domäne der Arbeiterschaft, soll der Faschismus auf allgemeingesellschaftlicher und staatlicher Ebene einen sozialistischen Schein erhalten.
(Vergl. Renzo Vespignani, Faschismus, Berlin (West) 1979, S. 98)

39.) Ernst Block, Erbschaft ..., a.a.O. (37), S. 70

40.) Auch von der KPD werden die Versailler Verträge strikt abgelehnt. In offiziellen Erklärungen wird die gemeinsame Ablehnung zusammen mit den Rechtsparteien damit begründet, daß sie eine sozialistische Wirtschaft in Deutschland unmöglich machen. Ein anderer wichtiger Grund ist jedoch auch, daß man sich eine gewisse Anziehungskraft des bolschewistischen Staatswesens und bestimmter Punkte seiner Ideologie auf nationale Kreise des deutschen Bürgertums, das infolge der deutschen Niederlage anfällig für revolutionäre Gedanken wurde", versprach
(Vergl. Otto-Ernst Schüddekopf, Nationalbolschewismus in Deutschland 1918 - 1933, Frankfurt 1972, S. 28)

41.) "Denn der aggressive Nationalismus war in Deutschland immer ein Programmpunkt der auf Mittel- und Oberschichten sich stützenden politischen Parteien gewesen und hatte immer mit reaktionären innenpolitischen Zielen engstens in Verbindung gestanden."
(T. W. Mason, Sozialpolitik im Dritten Reich, Arbeiterklasse und Volksgemeinschaft, Opladen 1978, S. 47)

Vorbilder aus der englischen Kriegspropaganda des Ersten Weltkrieges und die der sozialdemokratischen Partei Österreichs
hin, die im übrigen auch von Hitler selbst in 'Mein Kampf'
erwähnt werden.[42.] Vor allem aber seine Erkenntnis, daß die
Nationalsozialisten auf die Strategien der kommerziellen Wer-
bung zurückgreifen können, und zwar im Sinne eines einheitlichen, planmäßigen und geordneten Verfahrens der Gedankenver-
tretung und Gedankenausbreitung, sind von großer Bedeutung.
Genau wie zur Durchsetzung der Geschäftspolitik, die durch
Werbemethoden Waren erfolgreich beim Publikum verkauft und
sich durch die Markenwerbung für ein Produkt eine monopolar-
tige Stellung sichert, stebt der deutsche Faschismus den Ab-
satz und die Verankerung seiner propagandistischen Aussagen im
Bewußtsein der Bevölkerung an.[43.] Voigt knüpft an die Analyse
der rhetorischen Techniken Hitlers von Kenneth Burke an, "dem
bei der nationalsozialistischen Propaganda die formelhafte
Wiederholung im Stil der üblichen Reklametechnik aufgefallen
war".[44.] Diese Vorbilder, die den kapitalistischen Werbestra-
tegien in den USA, dem Land mit den größten Kapitalien und dem
schnellsten industriellen Fortschritt, dem die mondernsten
Absatz- und Werbemethoden entsprechen und nachgebildet sind,
funktioniert nach dem Werbeprinzip "Beherrschung der Massen
durch Umklammerung".[45.] Georg Lukàcs, der in der nationalsozialistischen Ideologie die Verschmelzung von deutscher Le-

---

42.) Vergl. Adolf Hitler, 'Mein Kampf', München 1941, 593. - 597. Auflage,
S. 193/194)

43.) Vergl. Gerhard Voigt, Goebbels als Markentechniker, in: Wolfgang Fritz
Haug (Hg), Warenästhethik, Beiträge zur Diskussion, Weiterentwicklung
und Vermittlung ihrer Kritik, Frankfurt 1975, S. 229)

Gestützt wird die These Voigts von T. W. Adorno, der ebenfalls behauptet, daß "die Propagandareize ähnlich standardisiert worden (sind), wie
die Werbeslogans, die sich zur Umsatzsteigerung als am wirksamsten
erwiesen haben".
(T. W. Adorno, Die Freudsche Theorie und die Struktur der faschistischen Propaganda, in: Psyche 7/1970, 503)

44.) G. Voigt, Goebbels ..., a.a.O. (43), S. 231

45.) ebd. S. 232

bensphilosophie[46.] und amerikanischer Reklametechnik zu erkennen glaubt, meint, daß "erst vor dieser zynischen und
skrupellosen Reklametechnik aus die sogenannte Ideologie der
Hitlerfaschisten richtig darstellbar (ist)".[47.]

Kennzeichnend für die von den Nationalsozialisten angewendete
Propaganda und Rhetorik ist ein zielgruppenspezifischer Wechsel von Argumentationsweisen, die bereits vorhandenen politischen oder anderen weltanschaulichen Strömungen entliehen
sind. Jedoch wird dieses Ensemble von propagandistischen Strategien völlig zu Unrecht als "verworrene gesellschaftliche
Rhetorik"[48.] verharmlost, weil dessen "Sammelbecken-Charak-
ter"[49.] das Ergebnis eines gezielten Vorgehens ist und in
ihrer wirkungsorientierten Funktion offensichtlich "Erfolg"
hat.

Ich meine, daß sich auch auf dem Gebiet der politischen Wer-
bung oder Propaganda eine weitgehend ungebrochene Kontinuität
zwischen Weimarer Republik, Faschismus und der BRD andeutet,
wobei eine undifferenzierte Identifizierung von Faschismus und
Kapitalismus nicht in meiner Absicht liegt. Aus den vorliegen-

46.) Definition Lebensphilosophie:
"Indem die Lebensphilosophie von der inneren Erfahrung ausgeht, wird
das rational-discursive Denken seines Geltungsanspruchs der einzig
vertretbaren "objektiven" Erkenntnis entmächtigt und allen nicht-rationalen Vorgängen des Erlebens, also den Trieben, Affekten, Leidenschaften, Strebungen und Gefühlen die Funktion der Erkenntnis zugeschrieben.
Dem Erleben kommt ein ursprünglicher und selbständiger objektiver Gel-
tungswert zu, es überschreitet den Bereich des rein Subjektiven und
vermag, die Welt in Erfahrung zu bringen..."
(Vergl. Georg Klaus, Manfred Buhr (Hg.), Wörterbuch der Philosophie,
Reinbek 1972, S. 714)

Die Lebensphilosophie gelangte besonders in Deutschland und Frankreich
zur Wirkung und war eine Richtung der spätbürgerlichen Philosophie. Mit
ihren nicht-rationalen und pessimistischen Lehren im Zusammenhang mit
einem absolut gesetzten Relativismus bereiteten die Vertreter der Lebensphilosophie die Ideologie des deutschen Faschismus mit vor. Bekann-
teste deutsche Personen sind Spengler, Klages und Jäger.

47.) Georg Lukàcs, Die Zerstörung der Vernunft, Bd. 3, Darmstadt 1974,
S. 166

48.) T. W. Mason, Sozialpolitik ..., a.a.O. (41), S. 64

49.) ebd. S. 49

den Erkenntnissen bestätigt sich für mich einerseits, daß der
Faschismus als verschärfte Herrschaftsform des Kapitalismus
verstanden werden muß und andererseits, daß die Theorie der
den Nationalsozialisten eigenen Sprache und Propaganda abzu-
lehnen ist. Auch die Theorie der angeblich besonderen "braunen
Rhetorik", die Walter Jens den deutschen Faschisten zugestehen
will, steht auf tönernen Füßen, da aus der Geschichte der
Rhetorik hervorgeht, daß sie häufig den Herrschenden, den
ökonomisch Stärkeren und denjenigen, die über das Bildungsmo-
nopol verfügen, genützt hat.

Eine wahrhafte Rede
ist gleichzeitig
Rede und Antwort.

Heinrich Mann

1.2 Die Rede als Beeinträchtigung der Willensfreiheit des Menschen

Die von Walter Jens so gern "sauber" gehaltene Rhetorik ist
von jeher ein willkommenes Mittel ·gewesen, auch Interessen
durchzusetzen, die fern jeder von ihm beschworenen Moral und
Humanität liegen. Die Tatsache, daß Rhetorik eine Möglichkeit
bietet, die emotionale Befindlichkeit des Auditoriums, im
Sinne des seine Interessen durchsetzenden Redners, zu verän-
dern, wird seit der Antike diskutiert. Gottsched beginnt 1729
seinen "Grundriß zu einer vernunftmäßigen Redekunst" mit der
Frage, "'durch welche Mittel das menschliche Gemüthe zum Bey-
fall gebracht zu werden pflege und nennt als 'überhaupt diejenigen Begriffe, die ich den Alten zu danken habe: 'Erklärungen
der Sachlage' (also probatio) und 'Erregung und Dämpfung der
Affekte bei Zuhörern oder Lesern'".[50·] Auch Herder versteht
die "rhetorische Zentrallehre" wie folgt: "'Daß der Rendner
"'würkt', dem Hörer 'Macht antut', 'bewegt', daß er, soll er
sein 'proprium opus' tun, durch die Weckung von Neigungen und
Leidenschaften"', seine Aufgabe erfüllt.[51·] Was den "großen
Deutschen", in deren Tradition stehend zu behaupten die Vertreter des Bürgertums nicht müde werden, recht war, ist den
Nationalsozialisten bei der Anwendung rhetorischer Mittel
billig. Rhetorik dient immer dazu, Interessen durchzusetzen,
seien sie von ethischen Grundsätzen bestimmt oder nicht.

Die zentrale und überragende Bedeutung der Rede als propagandistisches Mittel hebt Hitler bereits in 'Mein Kampf' hervor.
In übereinstimmung mit der rhetorischen Psychologie stellt er
heraus, daß die Rhetorik von ihm als ein Instrument zur "Be-

50.) J. C. Gottsched, Grundriß zu einer vernunftmäßigen Redekunst, zit. nach
K. Dockhorn, Macht ..., a.a.O. (6), S. 99

51.) J. G. Herder, Sämtliche Werke hg. Bernhard Suphan, Berlin 1877 - 1913,
V 532, zit. nach K. Dockhorn, Macht ..., a.a.O. (6), S. 106

einträchtigung der Willensfreiheit des Menschen" verstanden
wird.[52.] Wie auch andere stilisierte autobiographische Angaben, die in 'Mein Kampf' genannt werden, hat die Propaganda im
Faschismus immer wieder Bezüge zu diesen Selbstdarstellungen,
die im Prinzip handlungsanweisenden Charakter bekommen, formuliert.[53.] Die durch die Rede beeinträchtigte Willensfreiheit
ist zu einem locus classicus gemacht worden, dem auch Goebbels
sich besonders verpflichtet fühlt, wenn er anläßlich seiner
Rede zum 'totalen Krieg' am 18. Februar 1943 sagt: "Diese
Stunde der Idiotie! Wenn ich den Leuten gesagt hätte, springt
aus dem dritten Stock des Columbushauses, sie hätten es auch
getan."[54.]
Hitler geht davon aus, daß "falsche Begriffe und schlechtes
Wissen durch Belehrung beseitigt werden (können), Widerstände
des Gefühls niemals. Einzig ein Appell an diese geheimnisvol-
len Kräfte selbst kann hier wirken; und das kann kaum je der
Schriftsteller, sondern fast einzig nur der Redner".[55.] Ganz
so denkt auch Manfred Pechau, er behauptet, daß die Rede stets
das wichtigste für die Verbreitung neuer Ideen sei; "denn das
gesprochene Wort atmet Leben, während das geschriebene tot
ist".[56.] Hier tritt offen der der nationalsozialistischen
Ideologie eigene Antiintellektualismus zutage, der es nicht
bei der bloßen Ablehnung einer Buchkultur und Geschriebenen

52.) A. Hitler, 'Mein Kampf', a.a.O. (42), S. 531

53.) Die Politik der Nationalsozialisten zielt stets darauf ab, an die Macht
zu gelangen. Dieses Ziel soll primär durch Propaganda und den Einsatz
rhetorischer Mittel erreicht werden. Der von Hitler 1926 in 'Mein
Kampf' fixierte Grundsatz fungierte als eine conditio sine qua non.
Goebbels versteht seinen zukünftigen Aufgabenbereich so: "Die Propaganda hat keine grundsätzliche Methode. Sie hat nur ein Ziel, und zwar
heißt dieses Ziel in der Politik immer: Eroberung der Massen. Jedes
Mittel, das diesem Ziel dient, ist gut".
(Joseph Goebbels, Kampf um Berlin, München 1932, S. 18)

54.) Curt Rieß, J. Goebbels, Eine Biographie, Baden-Baden 1950, S. 356, zit.
nach G. Moltmann, Göbbels' Rede ..., a.a.O. (27), S. 27

55.) A. Hitler, 'Mein Kampf', a.a.O. (42), S. 528

56.) M. Pechau, Nationalsozialismus ..., a.a.O. (16), S. 11

beläßt.[57.] Die der Rede verliehene Bedeutung wird für alle
weiteren rhetorischen Überlegungen im Faschismus richtungswei-
send, wie z.B. aus den Parteizeitschriften 'Der Hoheitsträger', 'Unser Wille und Weg' und den parteiamtlichen 'Schu-
lungsbriefen' entnommen werden kann. Die Fachzeitschrift für
Propagandisten 'Unser Wille und Weg' und seit 1938 die Amts-
zeitschrift 'Der Hoheitsträger' tragen neben ihren Aufgaben
der Rednerinformation, -anweisung und -ausrichtung auch mit
zur rhetorischen Ausbildung bei.[58.] In den nur Parteifunktio-
nären zugänglichen Schriften definiert die Reichspropagandaleitung (im weiteren RPL), was von einem "nationalsozialistischen Redner" an rhetorischen Leistungen erwartet wird. Der
jeweilige Redner soll weder auswendiggelernte Weisheiten von
sich geben, noch ist man davon überzeugt, "daß das deutsche
Volk (...) in nationalsozialistische Versammlungen kommt, um
dort einen ausgezeichneten Rhetoriker zu hören".[59.] Das
Publikum soll gewonnen werden, indem der Redner "seine Worte
aus dem Inneren schöpft und mit der ganzen Kraft seines Glau-
bens und Vertrauens seinen Zuhörern zur Kenntnis bringt".[60.]

Die faschistische Selbstdarstellung beschwört immer wieder den
Mythos des Redners, der der "nationalsozialistischen Bewegung"
angeblich den Erfolg erredet hat. Im 'Hoheitsträger' werden
die Redner als "die ewigen Former der deutschen Volksseele"
und als "leidenschaftliche Glaubensträger der nationalsozialistischen Idee" bezeichnet.[61.] Sie sollen nach dem Willen des

57.) Im Zusammenhang mit einer Untersuchung zur Darstellung des 20. Juli
1944 in der Propaganda der deutschen Faschisten findet Thomas Travaglini in einem Bericht eines Kreisleiters folgende "Anregung": "Es ist
m.E. sogar notwendig, diese intellektuellen Vertreter zu einem großen
Teil auszumerzen".
(Thomas Travaglini, "m.E. sogar auszumerzen", Der 20. Juli 1944 in der
nationalsozialistischen Propaganda, in: Aus Politik und Zeitgeschichte,
B 29 1974, S. 18)

58.) Vergl. Ingrid Strobl, Rhetorik im Dritten Reich, Wien 1977, S. 157,
Dissertation

59.) 'Unser Wille und Weg', Heft 8 1937, S. 24/25

60.) ebd.

61.) 'Der Hoheitsträger', Heft 1 1939, S. 24

Leiters der Rednerorganisation und Vermittlung der RPL, Gerhard Bartsch, "Menschen höchste Ideale, Ewigkeit predigen, den gierig Lauschenden die Wahrheit vom Blut und der großen Sendung unseres Blutes vermitteln (...), aus eigenem Fanatismus eigener Begeisterung einen Sturm in den Seelen der anderen hinüberfließen lassen...".[62] Die angestrebte psychologische Erregung des Auditoriums ist kein Element, das die nationalsozialistische RPL als rhetorisches Instumentarium erst formulieren und zur Methode erheben muß. Bereits in der klassischen antiken Rhetorik wird dem 'vir bonus', als die wichtigste Fähigkeit des idealen Rhetoren, die gezielte Ansprache der Affekte aufgetragen. Als entscheidender Grundsatz für den Aufbau der dispositio gilt, daß bereits im exordium, ehe man zur Sache selbst kommt, die Herzen der Zuhörer gewonnen werden müssen, denn "alle Wirkung und Methode der Redekunst hat sich in der Besänftigung oder Erregung der Zuhörer zu erweisen".[63] Aristoteles, Cicero und Quintilian haben besonderen Wert auf die rationale Erfassung der durch die Rede erweckten Gefühle gelegt, ganz im Gegensatz zu Hitler, der geheimnisvolle Kräfte wirksam werden sieht. Quintilian, der u.a. fordert, daß pädagogische Gesichtspunkte bei der rhetorischen Bildung einer entscheidenden Gewichtung bedürfen - Kleinkinder sollen nur von Ammen betreut werden, die selbst über eine allseitige Bildung verfügen und selbst gut reden können -[64] meint, daß für die Rede "die vorzüglichsten Wirkungskräfte (...), die Verstärkung der Affekte bei der Steigerung der Entrüstung", sowie die "Anhäufung aus dem vollen" darstellen.[65]

Für Aristoteles, dessen Auffassung von Rhetorik eine Antwort auf die Sophisten und Platon ist, sind Affekte "alle solche Regungen des Gemüts, durch die Menschen sich entsprechend ihrem Wechsel hinsichtlich der Urteile unterscheiden und denen Schmerz bzw. Lust folgen, wie z.B. Zorn, Mitleid, Furcht und

62.) ebd. Heft 10 1938, S. 25

63.) Cicero, De oratore, 1, 17

64.) Vergl. Quintilian, I 1, 8

65.) ebd. VIII 3, 88

dergleichen sonst sowie deren Gegensätze".[66] Eine gute Rede setzt bei ihm voraus, daß durch die res das Auditorium in "sanfter Gemütslage"[67] oder leidenschaftlicher Erregung, "in Gedanken bei dem Sich-Rächen verweilt. Die dabei entstehende Phantasie flößt Lust ein wie die bei den Träumen".[68] Bereits Aristoteles hat damit auf die entscheidende Funktion der Rede hingewiesen, die von den Nationalsozialisten, mit sicherem Gespür für die Erzeugung von Massenwirksamkeit, ebenfalls erkannt wird. Das Gefühl der Ohnmacht und Angst, quer durch alle Schichten der Bevölkerung gegen Ende der Weimarer Republik, ist eine der affektiven Ströme, die sich die faschistischen Redner nutzbar machen. Die Isolierung des alten Mittelstandes innerhalb der Gesellschaft und seine aus dieser Lage entspringende Destruktivität, die gegen ihre städtischen Kreditgeber aufgebrachten Bauern und die Situation von großen Teilen der enttäuschten und entmutigten Arbeiterschaft, die nach anfänglichen Erfolgen 1918 politisch immer mehr ins Hintertreffen gerät, fördern beim einzelnen spontane psychische Bedürfnisse, der Bedeutungslosigkeit und Ohnmacht zu entkommen.[69] Ich kann mir vorstellen, daß die in Tagträumen, in Verbindung mit Allmachtsphantasien, kompensierten Aggressionen, durch Rachegedanke, die Schmerz, aber gleichzeitig Lust erzeugen, einen Kristallisationspunkt in den vom nationalsozialistischen Redner vorgeführten Gegner erhalten. Der angebotenen Identifikation mit dem starken, die selbst stark macht, können sich unter diesen Bedingungen nur wenige entziehen. Nach Aristoteles erreicht der Redner sein Ziel, indem sein Charakter (ethos) ohne jeden Tadel ist, die Emotionalisierung (pathos) und die Beweisführung (logos) gelingt. Die deutschen Faschisten beweisen, daß die Durchsetzung ihrer Interessen auch ohne ethische Prinzipien gelingt. Hitler und anderen faschistischen Rednern kann zugestanden werden, daß sie zumin-

---

66.) Aristoteles, Rhetorik, II 1, 8

67.) ebd. II 1, 4

68.) ebd. II 2, 2

69.) Vergl. Erich Fromm, Die Furcht vor der Freiheit, Stuttgart 1983, S. 174

dest bezüglich der Affektenlehre ganz in der klassischen antiken Tradition stehen.[70.] Ob Hitler, Goebbels oder einer der
anderen Redner die klassischen antiken Rhetoriklehrer gekannt
hat, ist dabei nicht die entscheidende Frage. Man kann voraus-
setzen, daß sie sich ihre rhetorischen Erfahrungen in langer
Praxis angeeignet haben. Offensichtlich sind sie zu ähnlichen,
anwendungserprobten Ergebnissen gelangt.

Die von den Nationalsozialisten betriebene Überschätzung der
Wirkung von Rede und Rhetorik, Hitler z.B. führte seine "Kar-
riere" hauptsächlich auf sein "rednerisches Talent" zurück,[71.]
findet sich auch in den meisten Rhetoriklehrbüchern des Faschismus wieder. Ingrid Strobl, die in ihrer Dissertation an
die Arbeit von Heinz Epping[72.] anknüpft, dokumentiert sehr
umfangreich die darin enthaltene ideologische Bewertung der
Rhetorik und verweist darauf, daß die entsprechenden Werke von
den Propagandisten gelesen werden mußten. Bei der Ausbildung
des Rednerstabes der NSDAP wird ausdrücklich versucht, Tra-
ditionslinien zur antiken Rhetorik herzustellen. Allen Arbeiten ist gemeinsam, daß sie besonders Bezüge zur klassischen
Affektenlehre herausarbeiten. Erich Drach versteht die Rede in
ihrem funktionalen Sinn so, daß "Darlegungen (...) nicht, wie
der objektive Lehrvortrag, die Dinge um der Dinge willen
vorgetragen (werden), sondern um der Ansicht willen, die Menschen von den Dingen bekommen sollen".[73.] Emil Dovifat sieht

70.) Vergl. Joachim Dyck, Rede bis in den Tod, Zur Rhetorik im Nationalso-
zialismnus, Uni-Info der Universität Oldenburg, 3/83, S. 2

71.) "Wenn ich mir also auch damals kaum ernstliche Gedanken über meinen
einstigen Lebensberuf machte, so lag doch von vornherein meine Sympa-
thie auf keinen Fall in der Linie des Lebenslaufes meines Vaters. Ich
glaubte, daß schon damals mein rednerisches Talent sich in Form mehr
oder minder eindringlicher Auseinandersetzungen mit meinen Kameraden
schulte. Ich war ein kleiner Rädelsführer geworden".
(A. Hitler, 'Mein Kampf', ... a.a.O. (42), S. 3)

72.) Epping hat in seiner sehr umfangreichen Dissertation den Aufbau des
nationalsozialistischen Propagandaapparates detailliert nachgezeichnet.
Eine weitere Arbeit zu diesem Thema erübrigt sich m.E.. Dies gilt
allerdings nicht für seine Ausführungen zur Rhetorik im engeren Sinne.
(Vergl. H. Epping, Die NS-Rhetorik als politisches Kampf- und Führungsmittel, Bedeutung und Wirkung, Münster 1954, Dissertation)

73.) Erich Drach, Redner und Rede, Berlin 1932, S. 37

das Geheimnis der Rede vor allem darin, den "unwiederbringli-
chen Augenblick" herbeizuführen, der sich einstellt, wenn "der
Stromkreis Redner - Zuhörer sich schließt. Das ist nun fast
ein physischer Vorgang, eine mehr als nur geistige Vereinigung
von Redner und Zuhörer".[74] Bei der Entwicklung seiner Vorstellung des Aufbaus einer politischen Rede stellt er Verbindungen zur klassischen Rhetorik über Cato, Cicero, Demos-
thenes und Aristoteles her.[75] Besonders Cicero hat es ihm
angetan, der das Auditorium in "drei Anläufen" gewinnen will;
"wir gewinnen sie, wir belehren sie, und dann reißen wir sie
alle in unsere Überzeugung".[76] Maxmilian Weller knüpft mit
seiner Redelehre ebenfalls an klassische Vorbilder an, die er
jedoch stark vereinfacht wiedergibt. Im ganzen wird auf eine
gedankliche Reduzierung hinargumentiert, die sich auf das
"Sprechdenken" konzentriert. Typisches Beispiel für eine ange-
wandte Rede in diesem Sinne ist die "Stegreifrede", die hauptsächlich an die Gefühle des Publikums appelliert und auf
emanzipatorische, also kritisch mit- oder weiterdenkende Zuhörer verzichtet. In seinen Ausführungen zur Gattung der "Über-
zeugungsrede" definiert Weller folgendes: "Sie ist jene Art
der zusammenhängenden mündlichen Mitteilung an einen größeren
Menschenkreis, die den Zweck hat, eine Tat oder eine tatbe-

74.) Emil Dovifat, Rede und Redner, Leipzig 1937, S. 44
(Es sei bereits hier auf Ähnlichkeiten mit dem Verständis des Redeaktes
von Theweleit hingewiesen.)

Dovifat hat nach 1945 u.a. die Zeitschrift 'Publizistik' und eine
mehrbändige Ausgabe des Handbuchs Publizistik herausgegeben. Hier vertritt er im Prinzip eine unveränderte Redetheorie, die jedoch von
nationalsozialistischen Überzeugungen "gereinigt" sein soll. In einer
Fußnote wird folgendermaßen auf das 1937 erschienene Werk eingegangen:
"Die Darstellung entspricht den Voraussetzungen, unter denen damals
publiziert werden konnte, enthält aber gleichzeitig (...) die deutliche
Kritik am rednerischen Überwältigungssystem".
(Emil Dovifat, (Hg.), Handbuch der Publizistik, Berlin 1968, S. 226)

75.) E. Dovifat, Rede..., a.a.O. (73), S. 51 ff

76.) ebd. S. 52
Bei Cicero lautet dies so: "Meine gesamte rhetorische Methode (...)
zielt (...) auf drei Dinge: einmal darauf, die Menschen zu gewinnen,
zum anderen sie zu informieren, und drittens auf sie einzuwirken".
(Cicero, De oratore, 1, 128)

reite Gesinnung hervorzurufen".[77.] Folglich liegt auch hier
das Ziel der Rede darin, beim Zuhörer Affekte zu erzeugen, ihn
zu erregen. Uve Jens Kruse lehnt Bezüge zur klassischen Rhetorik nur scheinbar ab. Er schreibt, daß die "berühmten Reden
der Alten (gemeint sind Sokrates, Platon, Cicero und Quintilian, R.S.) allzuviel gleißendes Gehänge (haben)".[78.] Regeln
von ihnen werden in seiner Schulung des Rednernachwuchses
immer wieder angewendet. Eine Rede ist in seinem Verständnis
dann gut, wenn die Willensübertragung vom Redner auf das
Auditorium gelingt. Seine Definition der Rede lautet: "Der
Befehl ist ein Mittel zur Macht; - die Rede ist Mittel zur
Macht".[79.] Auch Friedrichkarl Roedemeyer verstärkt die Bedeutung der Rede, indem er anknüpfend an Hitler feststellt, "daß
alle großen Wenden und Entscheidungen noch stets durch das
gesprochene und niemals durch das geschriebene Wort herbeigeführt wurden ...".[80.] Er geht bei seiner Suche nach einer
wissenschaftlichen Begründung der explizit "deutschen Rede"
davon aus, daß der antiken Rhetorik lediglich bedingte Gültigkeit zukomme. Sprachliche und psychologische Gesichtspunkte,
sowie die "völkische, nationale und soziale Lage",[81.] werden
in seinem Verständnis erst durch eine Untersuchung der spezifischen Geschichte der "deutschen Rede" genügend berücksichtigt. Aber auch er gelangt zu der Überzeugung, daß Luther,
Gottsched, Gellert, Bismark, Hitler und andere, auf dem Wege
einer wissenschaftlichen Begründung der Rede sich auf Quintilian, Cicero und vor allem Aristoteles beziehen müssen, deren
Grundsätze und Regeln allgemeine Gültigkeit beanspruchen dürfen.[82.]
Die Lehrbücher beziehen sich einerseits alle auf die antike
Rhetorik, andererseits enthalten sie praktische Anleitungen

77.) Maximilian Weller, Die freie Rede, Berlin 1937, S. 94

78.) Uve Jens Kruse, Broder Christiansen, Die Redeschule, München 1932, S. 28

79.) ebd. S. 8

80.) Friedrichkarl Roedemeyer, Die Sprache des Redners, München-Berlin 1940,
     S. 111

81.) ebd. S. 7

82.) ebd. S. 8 ff

zum Reden, wie besonders das Werk von Uve Jens Kruse, der Übungen zugunsten der Stimme, Körperübungen zugunsten der äußeren und inneren Haltung und sogar "Seelengymnastik" empfiehlt. Die parteiamtlichen Zeitschriften 'Der Hoheitsträger' und 'Unser Wille und Weg', lassen im übrigen gegenüber dem antiken Rednerideal des 'vir bonus' einen abweichenden Anspruch erkennen. Der gute Redner ist hier vor allem "Rufer zur Fahne",[83] "Prediger",[84] "politischer Soldat"[85] und "Kämpfer"[86] in einer Person. Seine hauptsächliche Aufgabe, die psychologische, affektive Erregung des Auditoriums, ist jedoch eindeutig der antiken Rhetorik entliehen.

Den 'orator perfectus', der die Emotionen der Zuhörer lenkt und die dazu erforderliche Disposition des Redners selbst gründlich kennt, haben sich schon die klassischen Rhetoriklehrer immer wieder gewünscht.[87] Dem Nationalsozialismus ist es mühelos gelungen, sich dieser Tradition zu bemächtigen, sie fortzuführen und für seine Zwecke nutzbringend anzuwenden. Die Rhetorik als Mittel für allein ethisch unangreifbare und moralisch positiv besetzte Werte vereinnahmen zu wollen, ist eine pure Mystifikation.

83.) 'Der Hoheitsträger', Heft 10 1938, S. 24

84.) ebd. Heft 1 1939, S. 24

85.) ebd. Heft 10 1943, S. 17

86.) 'Unser Wille und Weg', Heft 1 1931, S. 58

87.) "Wer wüßte denn nicht, daß die Wirkung eines Redners sich vor allem darin zeigt, daß er das Herz der Menschen sowohl zum Zorn, Haß oder Schmerz antreiben wie auch von diesen Regungen in eine Stimmung der Milde und des Mitleids zurückversetzen kann? Diese erwünschte Wirkung kann in seiner Rede nur erreichen, der die natürliche Veranlagung der Menschen und das gesamte Wesen der menschlichen Natur sowie die Gründe, die Stimmungen erzeugen und in eine andere Richtung lenken, gründlich kennt."
(Cicero, De oratore, 2, 53)

> Da verdampft alles
> Denken in den Stich-
> flammen des Gefühls.
>
> Ernst Jünger

2. Die Funktion der Rede

Die folgenden Gedanken zur Funktion der Rede sollen rhetorische Elemente als das kennzeichnen, was sie neben der idee-
und stilbildenden Macht in der Literatur- und Geistesgeschich-
te sein können, nämlich psychologische Mittel zur Bewegung und
Kontrolle von einzelnen und Massen, in einem zur faschistischen Herrschaftssicherung notwendigen Rahmen. Außer der
grundsätzlich angestrebten Erregung des jeweiligen Auditoriums
sind weitere Funktionen in der öffentlichen Rede von Bedeutung, die ich anhand verschiedener aktueller Ansätze diskutie-
ren möchte.

2.1 Die Zusammenfügung zu einem Ganzen - der Phallus der Höhen

Die wissenschaftliche Diskussion über den Faschismus und die
Suche nach Erklärungen für die Funktion des faschistischen
Staates in der bürgerlichen Gesellschaft wird innerhalb der
Linken hauptsächlich auf der Grundlage des Primats der ökonomie und der Politik bestritten. Klaus Theweleit geht hingegen
in seinem Werk 'Männerphantasien' davon aus, daß die "Wünsche,
die Lebenskraft der in den historischen Prozessen agierenden
Menschen"[88,] den wesentlichsten Aspekt darstellen. Bei seiner
Analyse von Freikorpsromanen, die er zu einer kritischen psy-
choanalytischen und sozialpsychologischen Betrachtung des
soldatischen Mannes, als Grundelement des Faschismus auswei-
tet,[89,] stößt er auf die Besonderheit, daß es den berichten-

---

88.) Klaus Theweleit, Männerphantasien, Bd. 1, Reinbek 1980, S. 533 (im
weiteren: Theweleit I oder II, S. ...)

89.) Die von Theweleit untersuchten Quellen sind Autobiographien und Romane
von Martin Niemöller, Rudolf Höß, Ernst von Salomon, Gerhard Roßbach,
General von Lettow-Vorbeck, Manfred Killinger, Ernst Jünger, Franz
Schauwecker, Thor Goote, Joseph Goebbels, Erich Bella und anderen, von
Autoren also, deren Gemeinsamkeit darin besteht, daß sie vom 1. Welt-
krieg und den darauffolgenden Kämpfen in den zahlreichen Freikorps zu
Beginn der Weimarer Republik berichten.

den Männern hauptsächlich darauf ankommt, von der Wirkung der Rede auf ihr Gefühl zu schreiben.[90.] Theweleit entwickelt daraus die Theorie, daß das "faschistische Reden" ein bloßer Akt sei, bei dem es auf keinen Fall auf die transportierten Inhalte ankommt, sondern allein auf die Wirkung des Aktes auf die Beteiligten. Die Rede ist "auf die Organisation der Erfahrung einer Lust aus",[91.] nur darauf kommt es an. Theweleits besonderer Verdienst ist es, den Blick vom Auditorium aus auf den faschistischen Führer zu richten. "Er (der Führer, R.S.) muß durch seine Rede beweisen, daß er wirklich Führer ist, während der Zuhörer seine Ergriffenheit beim Sehen des Lichts zur Schau stellen muß. Der Führer führt etwas in die Zuhörer ein, muß also irgendwann einmal zeigen oder gezeigt haben, daß er das Einzuführende auch hat, wohingegen die Zuhörer nur Wirkung zeigen müssen, nicht Gedächtnis oder etwas anderes Derartiges".[92.] Intellektuelle Fähigkeiten sind also nicht gefragt. Der Mann soll im faschistischen Akt der Rede durch eine Reihe von Zusammenfügungen neugeboren werden. Theweleit behauptet weiterhin, "daß die Zuhörer vor dem Redner stehen (müssen), wie ein Mann (...). Denn eine merkwürdige Vermännlichung geht mit der Vereinheitlichung ja einher; die Masse verliert ihre Vielgestalt, wird selbst zum einen, zum Glied..."[93.]

Theweleit hält die in einem öffentlichen Saal gehaltene Rede für das Kernstück der faschistischen Propaganda, die sich an der Ansprache des Kommandeurs an die Truppe orientiert.[94.] "Die Rede des Führers gipfelt in einem Befehl. Er heißt, wir bleiben zusammen (...). Hier wird in einem exhibitionistischen Akt der faschistische Weg der Zeugung offengelegt; der Führer zeugt sich selbst zum Führer (...), und er überzeugt die Masse durch die Berührung mit der Gestalt der Rede, die die des Phallus der Höhen ist, Volk zu werden, ihm als der Körper zu

---

90.) Vergl. Theweleit, II, S. 121

91.) ebd. S. 129

92.) ebd. S. 125

93.) ebd. S. 126

94.) vergl. ebd. S. 119

dienen, in dem er stehen kann, der ihm folgt (...), wenn er
sich aufmacht zu seinem schweren Kampf, zusammenzufügen, was
sich nicht zusammenfügen lassen will".[95.] Der faschistische
Redner ist für Theweleit in erster Linie der große Zusammenfüger.

Er liest die Literatur der soldatischen Männer, dieser "in
Wahrheit zuverlässigen faschistischen Klassenkrieger",[96.] als
Beleg psychischer Deformationen, die in unbewußten Ängsten und
Körperempfindungen ihren Ausdruck bekommen. Die den soldati-
schen Männern unbewußten Energien haben ihre Ursache in der
nicht vollzogenen Ablösung aus der Mutter/Kind - Symbiose.
Theweleit meint, daß sich Vorgänge, wie die Auflösung der
Personengrenzen und die damit verbundenen Störungen der
Objektbeziehungen, sich mit Begriffen der Psychoanalyse auf
dem Stand Freuds nur schwer beschreiben lassen. Freuds Ödipus-
Geometrie reicht ihm zur Interpretation dieser Phänomene nicht
mehr aus.

Freud geht davon aus, daß die Ich/Es/Überich-Struktur des
Subjekts im familiären Dreieck Vater/Mutter/Kind durch die
Verarbeitung des Ödipuskomplexes entsteht. Das Ich entsteht
dabei durch verschiedene Identifizierungen aus dem Es. Die
einstige inzestuöse Objektbesetzung des gegengeschlechtlichen
Elternteils wird zu einer Identifizierung. Um seinen Sohnphal-
lus zu behalten, verzichtet der Sohn auf den Inzest und identifiziert sich mit dem Vater. Seine Objektlibido überträgt er
auf eine andere, nach dem Bild der Mutter gewählten Frau. Das
ist der Kernvorgang, zur Herausbildung des Ich, wie ihn Freud
beschreibt.[97.]
Doch bei den soldatischen Männern, die Theweleit analysiert,
ist das anders. "Die Erscheinungen, die hier anstelle der
ödipalen auftreten, die Angst vor der Lust nach Verschmelzung,
(...) Auflösung der Grenzen des Ich (...) stammen nach den
Erkenntnissen der neueren Psychoanalyse nicht aus dem ödipalen
Dreieck, sondern aus einer Zweierbeziehung; es ist die zwischen der ersten ständigen Pflegeperson des Kindes (meistens

95.) ebd. S. 126

96.) Vergl. Walter Benjamin, Theorien des deutschen Faschismus, in: ders.,
Werke Bd. 3, Frankfurt 1980, S. 248

97.) Vergl. Sigmund Freud, Der Untergang des Ödipuskomplexes, Werke Bd. 13,
Frankfurt 1968, S. 399 ff

der Mutter) und dem Kind.[98.] Dieses Phänomen geht dem ödipalen Beziehungsdreieck, in dem die Freudsche Kategorie der
Verdrängung wirksam werden könnte, zeitlich voraus und ist
grundsätzlich von ihm verschieden. Dafür hat Theweleit die
entscheidende Analogie seiner Arbeit parat: die Entsprechung
des faschistischen Verhaltens der soldatischen Männer mit dem
von "psychotischen Kindern", [99.] wie sie von der amerikanischen Psychologin Margaret Mahler festgestellt werden.[100.]

Zur Erklärung der Phänomene des Ich-Zerfalls und der Ich-
Auflösung, die mit Grenzverlust, Realitäts- und Objektabwehr
korrespondieren, nimmt Theweleit das Konzept der Grundstörungen Balints hinzu.[101.] Weiterhin stützt er sich auf eine

98.) Theweleit, I, S. 211

99.) Theweleit übernimmt den Terminus von den "psychotischen Kindern" leider
sehr unkritisch. Solche Kategorisierungen werden von der 'Antipsychat-
rie' völlig zu Recht abgelehnt. Theweleit ist offensichtlich nicht auf
dem neuesten Stand der Dinge.

100.) Mahler stellt in ihren klinischen Untersuchungen fest, daß Störungen
bei der Loslösung aus der Symbiose schwerwiegende Folgen für die
Fähigkeit zu Objektbeziehungen nach sich ziehen. Die Störungen werden
durch die Extreme der zu harten Mutter, die das Kind zu früh von sich
stößt, und der zu weichen Mutter, die das Kind nicht aus ihrer Umklammerung läßt und somit ein Selbständigwerden verhindert, hervorgerufen.
So fühlt sich das Kind in einer unsicheren Welt aufwachsen. Es erlebt
in diesen Fällen seine eigene, gesonderte Identität nicht. In dem
Maße, in dem seine Bedürfnisse unerfüllt bleiben, ist es unfähig, die
psychische Abtrennung zu vollziehen. Nur in der Symbiose mit der
Mutter erlebt das Kind Stärke und Sicherheit. (Vergl. Margaret Mahler,
Symbiose und Individuation, Bd. 1, Stuttgart 1972, S. 14 - 17)

Ein ähnlicher Prozeß muß bei dem soldatischen Mann Theweleits wirksam
werden. Da eine Ich-Instanz gar nicht oder nur sehr rudimentär ausge-
bildet wird, befindet sich dieser Mann ständig auf der Suche nach der
Stärkung der Ich-Instanz. Er findet sie in der wie "ein Mann" stehenden Männergemeinde, in militärischer Formation. Hier findet er das
wieder, was er in der Symbiose mit seiner Mutter erlebt hat: Sicherheit und Geborgenheit.

101.) Das Hauptmerkmal der Grundstörungen liegt darin, daß alles, was sich
in der Psyche abspielt, auf einer ausschließlichen Zwei-Personen-
Beziehung basiert. Eine Ausbildung des Ich durch die Identifizierung
mit der Vaterfigur fehlt, weil in diesem Stadium, in dem das Kleinst-
kind sich noch nicht als Ich erleben kann, die partialen Objektbe-
setzungen durch die Mutter repräsentiert werden. Dieser Fehler in der

allgemeine ökonomie des Unbewußten, wie sie von Deleuze und Guattarie formuliert wird.[102.] Die von Theweleit analysierten soldatischen Männer sind Söhne, deren zweite Geburt aus der Kleinkind-Symbiose mißglückt ist, bzw. nicht vollzogen wird. Die zu Männern herangewachsenen Kinder sind noch nicht zuende geboren und haben keine ausreichende Ich-Stärke entwickeln können. Die zärtliche Annäherung an den eigenen Körper wird als raffiniertes Mittel, die psychische Panzerung zu untergraben, verstanden. Der soldatische Mann nähert sich der Frau in einer Mischung aus Angst, Mystifizierung, Verklärung und Gewalttätigkeit. Die soldatischen Männer fürchten sich vor der kastrierenden, phallischen, sinnlich-erotischen Frau, weil sie die Kraft besitzt, ihren Körperpanzer einzureißen.

Der Körper der soldatischen Männer droht zu zerfließen, wenn er mit Lebendigem, mit der Wärme des anderen Geschlechts oder mit dem auflösenden Gewimmel der Masse in Berührung kommt. Der soldatische Mann ist unfähig, seine Gefühle in umgänglicher Weise auszuleben. Gefühle werden ihm mehr und mehr ein bedrohliches, chaotisches, irgendwie flüssig-feuriges Triebhaftes, das im Zaum gehalten werden muß. Die Erfahrung der Zusammengehörigkeit von Gefühlen und Lusterlebnissen bildet sich bei ihm nicht aus. Bernd Nitzschke schätzt den sich daraus ergebenden psychischen Vorgang so ein:

Grundstruktur führt, verstärkt durch die bei Mahler beschriebenen Vorgänge, zu einer nur fragmentarischen Ausbildung des Ich. Solche Störungen in der Grundstruktur, die bei den soldatischen Männern nicht mehr aufgehoben werden können, führen zu einem Mangel, der nach Ausgleich verlangt.
(Vergl. Michael Balint, Therapeutische Aspekte der Regression, Die Theorie der Grundstörungen, Stuttgart 1970, S. 26 und 40)

102.) Deleuze und Guattarie versuchen mit ihrer Theorie des Unbewußten, die von Freud und seinen Nachfolgern entwickelte Starrheit des psychischen Apparates, repräsentiert durch Es, Ich und Überich, zu überwinden. Ihnen kommt es darauf an, das menschliche Unbewußte als Produktionskraft zu verstehen. Die von Freud angestrebte Kulturarbeit (wo Es war, soll Ich werden) wird von ihnen in dieser Form abgelehnt. Sie entwickeln die Kategorie der "Wunschmaschinen", die mit der ständigen Wunschproduktion des Unbewußten identisch sind. Die latent vorhandenen Phantasien, die Wünsche und spontane Bedürfnisse sollen ihrer Meinung nach nicht kultiviert, sondern lustvoll ausgelebt werden.
(Vergl. Gilles Deleuze, Felix Guattarie, Antiödipus, Frankfurt 1974, S. 11 ff)

"Das Objekt Frau wird gespalten in die verehrungswürdige Mutter, die auf einem unerreichbaren Podest thront, die reine Ehefrau, die mehr Schwester als Geliebte ist, und die rote Hure, das Flintenweib, das qua Existenz eine Rechtfertigung erteilt, niedergestochen, erschossen zu werden. Der Haß, der sich gegen die rote Frau richtet, richtet sich im ursprünglichen Sinn gegen die gehaßte Mutter, an der den Haß unmittelbar auszuleben die eigene verinnerlichte Moral verbietet".[103.]

Die soldatischen Männer, die eine Ich-Instanz im Freudschen Sinne nicht erlangt haben, sind wegen dieses Mangels "anfällig für den Drill, für die Formation, die ihnen ihr Ich vor allem als ein Körper-Ich zurückgibt oder überhaupt erst gibt"[104.] Der soldatische Mann fühlt sich durch die Beziehung zu Frauen geschwächt, die erotische Bindung an andere in militärischer Formation befindlicher Männer stärkt dagegen seine Körperbarrieren. Innerhalb der Redeaktion der Faschisten können die von Angst vor unlustvollen symbiotischen Zuständen geplagten Männer ihren verborgenen und deformierten Vereinigungsphantasien und verdrängten erotischen Wünschen die ersehnte Befriedigung gestatten. Das geschieht unkontrolliert und eruptiv, weil das Bewußtsein erlösend ausgeschaltet bleibt und weil "dort oben" jemand steht, der das Gefühl vermittelt, er spreche auch von ihren Leiden, und er wisse den Weg zum Heil. Theweleit behauptet, daß diese Männergemeinde "durch Berührung mit dem abstrakten Phallus der Höhen symbolisch zusammengefügt (wird), bzw. die Wunden geschlossen (werden)".[105.] Hierin erklärt sich für ihn, daß Redeinhalte keine Rolle spielen, sondern nur die affektive Wirkung der Rede.
Seine für mich faszinierende Theorie läßt jedoch Fragen offen. Theweleit meint, daß die Symbiose von 'Führer' und 'Volk' nie mit Argumentationen, die auf ökonomische und andere Interessenlagen zugeschnitten sind, bekämpft werden können. Er

103.) Bernd Nitzschke, Männerängste, Männerwünsche, München 1984, S. 112

104.) Joachim Dyck, Rede ..., a.a.O. (70), S. 3

105.) Theweleit, II, S. 127

behauptet, daß es auf der Ebene historisch ansprechbare Subjekte nicht gegeben hat und allgemein nicht gibt.[106.] Dabei
scheint er mir jedoch den notwendigen Blick auf gesamtgesell-
schaftliche Verhältnisse zu vernachnachlässigen. Theweleit
macht für mich den Fehler, dem von ihm zu Recht abgelehnten
historischen Subjekt dogmatischer Couleur, also dem "unermüd-
lich für seine objektiven Klasseninteressen kämpfenden Prole-
tarier", ein anderes, nämlich das allein triebdynamisch gelei-
tete Individuum, entgegenzuhalten. Er läuft Gefahr, sämtliche
männliche Gesellschaftsmitglieder in diesem Sinne, im Redeakt
der Faschisten, als homogen reagierend oder auch agierend
erscheinen zu lassen. Die dem zusammenfügenden Redner gegen-
überstehenden Zuhörer sind jedoch keine geschichtslosen Wesen,
sondern gehören gesellschaftlich relevanten Gruppen an. Der
(Ethno-) Psychoanalytiker Mario Erdheim beschäftigt sich in
seiner neuesten Arbeit mit der Unbewußtmachung des sozialen
Widerstands. Er kommt zu dem Ergebnis, daß sich von dem Augenblick an, da sich in den Gesellschaften eine Zentralgewalt
herausbildet, die Möglichkeit, sich kämpfend dagegen aufzulehnen, genau wie die Flucht, immer weniger realisierbar wird.
Die innerpsychische Triebbewältigung geschieht, nach seiner
eng an Freud angelehnten Theorie, in modernen Gesellschaften
vermehrt duch die Identifikation mit den gewaltsam Herrschaft
ausübenden. Er schreibt, daß "in der für die Festsetzung der
Herrschaft im Innern des Individuums notwendige Unbewußtmachung der Aggression die treibende Kraft zur gesellschaftlichen Produktion von Unbewußtheit (liegt); der Preis, den die
Herrschenden für die Expansion auf die Psyche bezahlen müssen,
ist allerdings ein zunehmender Realitätsverlust bei den
Beherrschten..."[107.] Doch der Realitätsverlust ist mit
Sicherheit in den gesellschaftlichen Klassen sehr unterschied-
lich wirksam geworden. Ernst Bloch behauptet, daß eine zerfal-
lene und verelendete Mittelschicht sich in eine andere Zeit
als der realen zurücksehnt. Er meint, daß "der Mittelstand
(zum Unterschied vom Proletariat) überhaupt nicht unmittelbar

---

106.) Vergl. ebd. S. 130

107.) Mario Erdheim, Zur gesellschaftlichen Produktion des Unbewußten,
      Frankfurt 1982, S. 418

34

an der Produktion teil-(nimmt), sondern geht in sie nur mit Zwischentätigkeiten ein, mit einer solchen Ferne von der gesellschaftlichen Kausalität, daß sich immer ungestörter ein alogischer Raum bilden kann, worin Wünsche und Romantizismen, Urtriebe und Mythizismen rezent werden."[108.)

Damit wird die unterschiedliche Wahrnehmung und Aneignung von Welt dort bestimmt, wo sie eine ihrer wichtigsten Ursachen hat: in der gesellschaftlichen Produktions- und Reproduktionssphäre. Die 1918 von der Front zurückkehrenden national empfindenden Soldaten, die zumeist aus dem von Bloch analysierten Mittelstand hervorgehen, sind genau wie die aus der Arbeiterschaft, revolutionär anfällig. Doch aufgrund ihrer sich historisch entwickelten gesellschaftlichen Stellung ist ihr Bewußtsein durch andere ungleichzeitige Widersprüche einer anderen Utopie zugänglich wie das von Mitgliedern der Arbeiterschaft. Die Nationalsozialisten konnten sie für sich gewinnen, indem sie an Freiheitsideen von Unterdrückten anknüpfen, die durch "Haltungen", "begeisternde Worte" und "Trachten" ins "romantische Rechts" führen.[109.) Wenn auch die Erklärung Theweleits für die von ihm beschriebenen Männer und die durch sie repräsentierte gesellschaftliche Schicht sicherlich richtig ist, so muß eingeschränkt werden, daß große Teile der organisierten Arbeiterschaft, die die kapitalistische Ausbeutung unmittelbar am Arbeitsplatz und in ihrem Sozialmilieu erfahren haben, einer rückwärtsgewandten faschistischen Utopie nicht im gleichen Maße zugänglich ist.[110.) Das historische Subjekt, das Theweleit in solchen Zusammenhängen negiert, ist sich sehr häufig seiner Lage bewußt und leistet antifaschistischen Widerstand. Hätte er sich besser informiert, so wäre er z.B. darauf gestoßen, daß im September 1930 in Berlin das 'antifaschistische Kartell' einen Aufruf zur Bildung der 'antifaschistischen Einheitsfront' formuliert hat.

108.) Ernst Block, Erbschaft ..., a.a.O. (37), S. 110

109.) ebd. S. 105

110.) "Die Arbeiter haben gelernt, daß von denen, die sie jeweils riefen und wieder nach Hause schickten, auch nach dem Sieg stets nur das gleiche zu gewärtigen war."
(Max Horkheimer, Autoritärer Staat, Frankfurt 1968, S.55)

Daraus geht u.a. hervor, daß der Hunger und das Massenelend auf die Ökonomie des Kapitalismus zurückzuführen sind, die durch den Nationalsozialismus in keiner Weise substanziell verändert werden kann und das der Faschismus außerdem in einen erneuten Krieg führt. Der sich daraufhin formierende 'Kampf- bund gegen den Faschismus' erreicht Mitgliederzahlen, die es gestatten, dem Terror der SA - Verbände ernsthaft etwas entge- genzusetzen.[111.] Gerade die Widerstandskämpfer der Arbeiter- bewegung sind es im weiteren, die mit militanten Aktionen oft ihr Leben aufs Spiel setzen, und das geschieht sehr wohl auch aufgrund von ökonomischen Einsichten, die in einer sozialisti- schen Utopie eine zentrale Rolle spielen. Das Scheitern des Widerstands ist sicherlich zum großen Teil auf psychologische Momente zurückzuführen, doch daraus konstruieren zu wollen, daß es auf der Ebene ökonomischer und politischer Argumente ansprechbare Subjekte nicht gibt, ist mir zu undifferenziert.

Die angestrebte sinnlich-emotive Wirkung der Rede kann in einem Saal gelingen, jedoch müssen Weiterungen, wie Massenre- den auf Massenveranstaltungen, bedacht werden. Der Einwand von Lutz Winckler ist berechtigt, indem er darauf hinweist, daß "die Ausmaße des Tempelhofer Felds, die Anordnung von Redner und Publikum eine erhebliche Distanz zwischen Redner und Publikum (legen): die Person des Redners gerät aus dem Blick der Zuhörer, seine Stimme erreicht ihn nur über Lautspre- cher."[112.] Um den Redeakt herum haben die Faschisten ein Ensemble diffe- renzierter Strategien geplant, die Theweleit nicht genügend berücksichtigt. Weiterhin muß gegen seine These, daß die Redeinhalte keine Rolle spielen, eingewendet werden, daß eine Versammlungsrede etwas anderes ist als eine Rede auf den Bückeberger Bauernta- gen. Eine Reichstagsrede wiederum ist etwas anderes als eine Rede vor Arbeitern bei Krupp und nicht zuletzt sind Reden zu

111.) Vergl. Peter Altmann u.a., Der Deutsche antifaschistische Widerstand 1933 - 1945, Frankfurt 1978, S. 33

112.) Lutz Winckler, Hitlers Rede zum 1. Mai 1933 - Oder: Des Kaisers neue Kleider, in: Diskussion Deutsch, Heft 73, 10/83, S. 490

Frauen (meistens von Frauen) anders als die zu "alten
Kämpfern". Selbst wenn davon ausgegangen werden kann, daß die
Funktion der Reden weitgehend gleich bleibt – es geht in
erster Linie immer um die psychologische Erregung des Auditoriums – so kann doch in den differenzierten Redesituationen
auf sachbezogene Aussagen nicht verzichtet werden.[113.]
Meine weiteren Einwände sind zunächst ein wenig von rein
rhetorischen Betrachtungen wegführend. Der Kern der Faschis-
musthese von Theweleit wird von Adorno und Horkheimer bereits
in der 'Dialektik der Aufklärung' formuliert.[114.] Sie erkennen sehr früh, daß der Nationalsozialismus die im Gefolge der
bürgerlichen Warenwirtschaft sich entwickelnde Lustfeindlich-
keit aufhebt. Das "Selbst" (gemeint ist die Ich-Instanz im
Freudschen Sinne) ist jedoch inzwischen völlig deformiert.
"Die Angst, das Selbst zu verlieren und mit dem Selbst die
Grenze zwischen sich und anderem Leben aufzuheben, die Scheu
vor Tod und Destruktion, ist einem Glücksversprechen ver-
schwistert, von dem in jedem Augenblick die Zivilisation bedroht war."[115.] Die erotische Bindung zwischen dem faschistischen 'Führer' und großen Teilen der Masse ist ebenfalls
vorher von T. W. Adorno thematisiert worden.[116.] Adorno
schätzt die Propaganda der Faschisten so ein, daß "der narzißtische Gewinn, den sie verschafft, offensichtlich (ist). Sie
sagt immerzu, manchmal in ziemlich verschrobener Weise, daß
die Anhänger, einfach weil sie dazugehören, besser, höherste-
hend und reiner seien als die, die ausgeschlossen sind.

113.) Ich verweise auf die unter Punkt 2.3 erwähnten Topoi, die Denkbilder
sind, in denen sich Redner und Publikum treffen.

114.) "Die deutschen Neuheiden und Verwalter der Kriegsstimmung wollen die
Lust wieder freigeben. Da sie aber im Arbeitsdruck der Jahrtausende
sich hassen gelernt hatte, bleibt sie in der totalitären Emanzipation
durch Selbstverachtung gemein und verstümmelt."
(Max Horkheimer, T. W. Adorno, Dialektik der Aufklärung, Frankfurt
1969, S. 31/32)

115.) ebd. S. 33

116.) "Vom Standpunkt des Führers ist darum die wiedererweckte Irrationali-
tät der Geführten rational genug, denn er braucht eine Überzeugung,
die nicht auf Wahrnehmung und Denkarbeit, sondern auf erotische Bindung begründet ist."
(T. W. Adorno, Die Freudsche ..., a.a.O. (43), S. 494)

Zugleich wird jederlei Kritik oder Selbsterkenntnis als narzißtische Einbuße übelgenommen und ruft Wut hervor.[117.] Theweleits Ansatz müßte hiermit ergänzt werden. Verwundert hat mich, daß er die Ansätze von Ernst Bloch, die in 'Vom Hasard zur Katastrophe' gesammelt sind, ignoriert. Alles was Theweleit den orthodoxen Marxisten an Unverständnis gegenüber der Wirklichkeit des Faschismus nachweist, ist dort bereits enthalten.[118.]

Ein weiterer Einwand ist, daß er übersehen hat, daß solche Analysen wie in den 'Männerphantasien' sich auch am Material "liberaler" und "linker" Männner wiederholen lassen. Das Risiko grenzüberschreitender Erfahrungen hat es immer gegeben, ist also ein grundsätzliches. Deshalb geht es nicht allein darum herauszufinden, wie sich der 'soldatische Mann' vor Verschmelzungsängsten schützt, sondern wie 'die Männer' damit umgehen. In den Werken von "linken" Männern wie Bernward Vesper[119.]

117.) ebd. S. 500

118.) "Die Nazis haben betrügend gesprochen, aber zu Menschen, die Sozialisten völlig wahr, aber von Sachen; es gilt nun, zu Menschen völlig wahr von ihren Sachen zu sprechen."
(Ernst Bloch, Vom Hasard ..., a.a.O. (7), S. 197)

"Als ein kommunistischer Redner, er sprach vor Angestellten, lange genug seine Ziffern, Statistiken, auch einige letzte Resolutionen in der üblich gewesenen Terminologie vorgetragen hatte, vor einem völlig teilnahmslosen, ja ermüdeten Parkett, sprang der Naziredner auf, wischte die Ziffern mit einer Armbewegung fort und rief: Euer Referent hat von Zahlen gesprochen, von denselben Zahlen, mit denen ihr den ganzen langen Tag an der Additionsmaschine zu tun habt; ich aber spreche zu euch von Deutschlands Glück und Größe, und ich spreche in höherem Auftrag. Sogleich war der Stromkreis geschlossen, das Parkett nahm allen folgenden Unsinn hin, lauschte den Versprechungen, entzündete seine antikapitalistische Sehnsucht, mehr noch seine privaten Rachewünsche und war ins Bodenlose entrückt".
(Ernst Bloch, Vom Hasard ..., a.a.O. (7), S. 196)

119.) Bei Vesper habe ich die den soldatischen Männern bei Theweleit eigene Abscheu gegen alles fließende, breiähnliche, schleimige, das für sie durch das Weibliche schlechthin repräsentiert wird, ebenfalls entdeckt. Während er seinem Reisebegleiter über den Geburtsvorgang seiner Tochter berichtet, kommen ihm Assoziationen von Dreck und Unrat. "...die ganze Küste voller Dreck, alles, was aus Triest rausfließt, und die Urlauber mittendrin."
(Bernward Vesper, Die Reise, Hamburg 1983, S. 23)

und Bodo Kirchhoff[120.] z.B. lassen sich ebenfalls Symptome der Angst vor Auflösung der Körpergrenzen nachweisen, die um so mehr voranschreiten, je mehr die Frauen sich ihnen nähern.

Die Frauen aus solchen Erfahrungszusammenhängen auszuklammern bedeutet, sie zu mystifizieren. Angst vor Grenzüberschreitungen werden von der neueren feministischen Literatur ebenfalls erwähnt.[121.] In diesem Zusammenhang wäre zu klären, was

120.) Kirchhoff berichtet mit fast brutaler Offenheit über sein Erlebnis bei einem seiner zahlreichen Besuche in einer 'Peep-Show'. Nachdem er sich in seine Kabine begeben hat, genießt er zunächst den Anblick der Frauen und liest zwischendurch bezeichnenderweise ein Buch über den 'Kindermörder B.'. Er fühlt sich in seiner abgeschlossenen, anonymen Kabine (Verlängerung des Körperpanzers) nur so lange sicher, bis eine der Frauen sich ihm nähern will. Dann geschieht folgendes: "Zeigt jetzt alles nur für mich und blickt an mir vorbei, haarscharf. Ich sehe ihre Augen, drehe mich um, sperre die Tür auf und laufe, so schnell es eben geht, die Treppe runter, hinaus ins Freie, überquere die Fahrbahn, laufe weiter durch die Moselstraße, über die Münchner rüber und kehre ein ins Moseleck."
(Bodo Kirchhoff, Die Einsamkeit der Haut, Frankfurt 1981, S. 36)
Allein die Aktivität der Frau in Form eines Blickes reicht aus, um Kirchhoff in Panik zu versetzen. Er hat offensichtlich Angst davor, daß die sinnlich-erotische Frau seine psychische Panzerung durchbricht.

121.) "Weil die erwachsene Sexualität Aspekte der präverbalen Sinnlichkeit zwischen Mutter und Säugling in ihrer einzigartigen Kommunikation wieder anklingen läßt, können Sexualität und Verschmelzung frühe körperliche Erlebnisse aus der Zeit vor der Entstehung eines bestimmten Selbstgefühls und vor der Sprache wieder heraufholen. Für Frauen, die sich ihrer Grenzen nicht sicher sind und die kein bestimmtes Selbstgefühl haben, ist das Schmelzen der körperlichen Grenzen eine erschreckende Aussicht, denn es wird für sie von dem Gefühl begleitet, vom Geliebten verschlungen zu werden, sich selbst zu verlieren."
(Luise Eichenbaum, Susie Orbach, Feministische Psychotherapie, Auf der Suche nach einem neuen Selbstverständnis der Frau, München 1984, S. 147)

"Um der Gefahr des Autonomieverlusts zu entgehen, fühlten sie (die Frauen, R.S.) sich eher von männlich distanziertem Verhalten angezogen. In dieser männlichen Distanz, die immer auch eine gefühlsmäßige ist, findet das weibliche Selbst eine äußere Bastion gegenüber dem eigenen Drang nach Selbstaufgabe und Ineinander-Aufgehen. Gleichzeitig muß diese männliche Verweigerung von Verschmelzungswünschen auch gehaßt werden, da sie die Versagung eines zwar abgewehrten, aber dennoch mächtigen Wunsches ist und ein ständiges Abprallen emotionaler Bedürfnisse am Panzer des anderen bedeutet. Der Preis für die Absicherung des Selbst gegenüber den eigenen Strebungen nach Symbiose ist der Verzicht auf die Erfüllung der Phantasie vom Einssein, die zu gefährlich für das Selbst ist."
(Margit Brückner, Die Liebe der Frauen, über Weiblichkeit und Mißhandlung, Frankfurt 1983, S. 58)

eigentlich mit den KZ-Aufseherinnen und den jubelnden Frauen-
massen gewesen ist. Die Frage drängt sich mir besonders auf,
nachdem ich den Film von Leni Riefenstahl über den sechsten
Reichsparteitag der NSDAP in Nürnberg gesehen habe. Die
Beobachtung der Frauengesichter beim Anblick des "Führers",
ihre gesamte Körperhaltung, sofern er in ihre Nähe kommt,
verrät Extase und Euphorie. Theweleit hätte auch hier ansetzen
müssen, bzw. bedarf in diesem Sinne einer Ergänzung.

Der letzte Einwand soll den Blick direkt auf die unmittelbare
Lebenssituation der soldatischen Männer richten. Das Leben als
Freikorpssoldat mit Elementen einer weitreichenden Zeitautono-
mie, dem Flair des Abenteurers und der Fortsetzung des Vaga-
bundenlebens der Etappe, ist für diese Männer allemal lustvoller gewesen als eine streng reglementierte Arbeit. Gerade nach
dem 1. Weltkrieg bekommt die Zergliederung des Arbeitsprozesses durch Fordismus und Taylorisierung eine ungeheure Dynamik.
Um dem gleichmäßigen Produktionsrhythmus des Arbeitsprozesses
die notwendige Kontinuität zu verleihen, müssen die Wünsche,
Phantasien und spontanen Bedürfnisse kanalisiert und vergessen
gemacht werden.
Antje Bauer meint dazu, daß "vernünftig geworden (sich) der
Mensch freiwillig den puritanischen Maximen beugen sollte, um
der Maschine zu gleichen, die er zu bedienen hatte. (...)
Fleischliche Gelüste sollten unterdrückt, der Leib vergessen
gemacht werden".[122.] Vielleicht war der Nationalsozialismus
für die soldatischen Männer - und nicht nur für sie - schon
damals "der Aufstand der Sinne, der unbewußte Wunsch, Rausch,
Glück und Angst auszuleben, ohne der kapitalistischen Logik
des Arbeitsprozesses anheimzufallen".[123.] Die sozialistische
Alternative war und ist in dieser Hinsicht nicht verlockender.
Sich dagegen aufzulehnen und lieber Freikorpssoldat zu sein,
hat die soldatischen Männer ihre Lebenskraft spüren und dabei
lustvoll Glück empfinden lassen. Ich glaube, hiermit ist eine
weitere Ergänzung zur These Theweleits nötig, um das "Zur-

122.) Antje Bauer, Lust und Glück am Nationalsozialismus, in: Taz vom
       10.11.83, S. 11

123.) ebd.

Gefolgschaft-werden" der soldatischen Männer im faschistischen
Akt der Rede zu erklären.

Trotz der Einschränkungen, vor allem zu seinen Ausführungen
zur Rede, ist Theweleits Beitrag zur Faschismusdiskussion
insgesamt sinnvoll und verdient Beachtung. Ihm ist es gelungen, mit einer wichtigen Erweiterung zum Verständnis der
Entstehungsgeschichte des deutschen Faschismus beizutragen.
Er weist auf für mich geniale Art und Weise nach, in welcher
Form das 'Faschistische' vorlag, ehe es zum 'offenen Faschismus' wird. Er fragt nicht nach Wirkungen, also danach, ob
jemand auf etwas hereingefallen ist oder zu etwas verführt
worden wäre. Er forscht nicht - jedenfalls nicht in erster
Linie - nach den Wirkungen von gehaltenen Reden, sondern - und
das ist das Neue - nach Bedürfnissen, Phantasien und unbewußten Wünschen, die dahinter vermutet werden können. So spürt er
letztlich die entscheidende Gelenkstelle zwischen faschistischen Führern und denen auf, die das Gefühl haben, er spreche
auch von ihren Leiden und sie so im Akt der Vereinigung durch
die Berührung mit der Gestalt der Rede zur 'Gefolgschaft'
verwandeln kann, wenn er nur behauptet, er wisse den Weg zum
Heil.[124.)]
Auch zum notwendigen politischen Widerstand der Jetztzeit
finde ich bei Theweleit einen wesentlichen Hinweis, der das
"Einheit-aller-Linken-Geschwafel" in bedenkenswerter Weise
konterkariert. "Ein Gegenmittel besteht wahrscheinlich vor
allem darin, Situationen, politische Aktionen herbeizuführen,
die erfahrbar werden lassen, daß das Erlebnis der Kollektivi-
tät in der anderen Form der Masse, in der molekularen, schö-
ner, lustvoller und selbst schützender ist, als das in der
Ganzheitsformation. Ehe hier daran zu denken ist, müßte sich
die Linke allerdings erst wieder in eine molekulare Masse
verwandeln."[125.)]

124.) Die keineswegs besonders linke Psychologin Alice Miller, die für diese
in ihrem Verständnis letztlich Unterdrückten Partei nimmt, hat das
ebenfalls erkannt.
"Hitlers große und begeisterte Anhängerschaft bewies, daß sie ähnlich
strukturiert, d.h. ähnlich erzogen war wie er".
(Alice Miller, Am Anfang war Erziehung, Frankfurt 1983, S. 201)

125.) Theweleit, II, S. 130

Die Geschäfte des Kapitalismus
sind nun in verschiedenen Ländern
(ihre Zahl wächst) ohne Roheit
nicht mehr zu machen. Manche
glauben noch, es gelinge doch;
aber ein Blick in ihre Kontobücher
wird sie früher oder später vom
Gegenteil überzeugen. Das ist eine
Zeitfrage.

Bertolt Brecht

2.2 Die Verschleierung gesellschaftlicher Verhältnisse durch nichtökonomische Erklärungen für ökonomische Mißstände

Die gesellschaftliche Funktion der Rede im Faschismus ergibt
sich nach der tradierten Faschismusinterpretation aus dem
Widerspruch zwischen der bäuerlich-kleinbürgerlichen, zum Teil
auch proletarischen Massenbasis und dem militärisch-indu-
striellen Komplex. Bestimmte Fraktionen des Großkapitals
(Schwerindustrie, Elektro- und chemische Industrie, Großban-
ken) verfolgen imperialistische Ziele, die zu materieller
Verelendung der Massen und weiteren Konzentrationsprozessen an
der ökonomischen Basis führen. Der Propaganda und speziell der
Rede im Faschismus kommt die Aufgabe zu, diese objektiven
Gegensätze zu verschleiern. Für die Lösung der gesellschaftlichen Krise wird in der Rede ein autoritär gelenkter Einigungs-
und Erziehungsprozeß "über die gesellschaftlichen Klassen- und
Interessengegensätze hinweg" propagiert.[126.] Das "Sichzusam-
menfinden deutscher Menschen in der Volksgemeinschaft"[127.]
steht im Mittelpunkt der rhetorischen Bemühungen der nationalsozialistischen Redner. Die damit betriebene Verschleierung
der tatsächlichen wirtschaftlichen Gegebenheiten befindet sich
ständig in Gefahr, als Schein enthüllt zu werden.[128.] Die
faschistischen Redner versuchen dem entgegenzuwirken. Es
bedarf "einer radikalen Entwertung der materiellen Sphäre des

126.) Lutz Winckler, Hitlers Rede ..., a.a.O. (112), S. 482

127.) ebd.

128.) Vergl. Jörg Bohse, Elemente ..., a.a.O. (5), S. 232

42

Daseins, der 'äußeren Glücksgüter'des Lebens; sie werden aufgehoben in einem Heroismus der Armut und des 'Dienstes', des
Opfers und der Zucht".[129.] Dabei ergibt sich in der öffentlichen Rede der stete Zwang, unentwegt Erklärungen und Lösungen
für gesellschaftliche Konflikte anbieten zu müssen, ohne die
wirklichen Ursachen und die angestrebten politischen Ziele
nennen zu dürfen. Kenneth Burke hat dieses Dilemma der Rede im
Faschismus auf die Formel gebracht; Hitler, wie jeder andere
Redner, müsse immer "eine nichtökonomische Erklärung für ökonomische Mißstände (liefern)".[130.]
Dabei machen sich die Nationalsozialisten mehrere Strategien
nutzbar, die Lutz Winckler, in Anlehnung an Burke, als "rhetorische Strategien"[131.] bezeichnet. Er untersucht daraufhin
den gesamten Verlauf der Maifeier vom 1. 5. 1933, vor allem
auf die Zusammensetzung und Formierung der Zuhörerschaft. Er
stellt fest, daß der Inhalt der von Hitler gehaltenen Rede im
wesentlichen auf die Bedürfnisse der Kleinbürger zugeschnitten
ist, die die Mehrheit des Auditoriums ausmachen.[132.] Ein
erheblicher Anteil des Publikums sind jedoch Arbeiter aus den
umliegenden Berliner Betrieben, die unter massiven Drohungen
zur Teilnahme an der Maifeier gezwungen werden. Winckler nennt
noch einige andere Gründe,[133.] die es zweifelhaft erscheinen
lassen, ob bei ihnen die "rhetorischen Tricks"[134.] oder der
psychodynamische Zusammenfügungsprozeß im Sinne Theweleits

129.) Herbert Marcuse, Der Kampf gegen den Liberalismus in der totalitären
Staatsauffassung, in: ders., Kultur und Gesellschaft, Bd. 1, Frankfurt
1968, S. 40

130.) Kenneth Burke, Die Rhetorik in Hitlers 'Mein Kampf' und andere Essays
zur Strategie der überredung, Frankfurt 1967, S. 18

Der ideologiekritische Gehalt der Arbeit Burkes bekommt besonders
Gewicht, weil sie bereits im Jahre 1939 verfaßt wurde und der Hinweis
auf die Verknüpfung zwischen ökonomie und Faschismus originell ist.
Das Zitat wird gern benutzt, um historisch-materialistische und ideologiekritische Analysen zu begründen. Es sollte jedoch nicht übersehen
werden, daß Burke seinen Ansatz auf Freuds Theorie aufbaut.

131.) Lutz Winckler, Hitlers Rede ..., a.a.O. (112), S. 487

132.) ebd. S. 494

133.) Siehe die bereits auf Winckler bezugnehmende Anmerkung 112

134.) Der von Adorno stammende Begriff wird in Punkt 2.3 näher erklärt

wirksam werden können. Zieht man zusätzlich in Betracht, daß
das "sozialistische Über-Ich"[135.] wahrscheinlich verstärkend
einer spontanen Erregung oder Einflußnahme, im faschistischen
Sinne, während der Redesituation entgegensteht, deutet dies
eine mögliche Erhärtung der Behauptung Wincklers an. Damit
jedoch zweifelsfrei eine unterschiedliche Wirkung der Rede von
Faschisten bei Arbeitern und Kleinbürgern zu beweisen, ist
noch nicht möglich. Eine weitere Erforschung über die klassen-
oder schichtenspezifische Wirksamkeit der von Faschisten angewendeten Rhetorik müßte hier ansetzen.[136.]
Für Winckler ist der Erfolg der Rede von Faschisten davon
abhängig, ob es gelingt, "disziplinarische Elemente des
Befehls- und Unterstellungsaktes, durch Momente innerer Sinn-
gebung und innerer Selbstbeteiligung zu überlagern und sinn-
lich zu überhöhen."[137.] In eine ganz ähnliche Richtung geht

135.) Den Terminus "sozialistisches Über-Ich" gebrauchte Prof. Erhard Lucas
in seinem Vortrag über "Das Frauenbild in der deutschen Arbeiterbewegung", am 7. Juli 1984. Er verstand darunter die psychische Instanz
im Sinne Freuds, aus der sich u.a. die aus dem proletarischen Sozialmilieu typisch schichtenspezifischen Verhaltens- und affektiven Re-
aktionsmuster erklären.

136.) Dazu müßte zunächst einmal erarbeitet werden, wie 'Arbeiterklasse'
definiert werden soll. Die zentrale Erforschung der wirklichen Ar-
beits- und Lebensverhältnisse der Massen auf der Alltagsebene, also im
Wechselverhältnis von Fabrikarbeit und Familien- und Gemeindeleben in
den Regionen, steht noch aus. Karl Heinz Roth macht erste Versuche,
die "klasseninternen Schichtungen (...) aufzuhellen". Für ihn sind
"jene Schichten und Verhaltensweisen zu untersuchen, die bis tief in
die linke Geschichtsschreibung als unwichtig, unanständig oder banal
als kriminell gelten und diffamiert werden". Diejenigen, die sich aus
der zweiten Proletarisierungswelle rekrutieren, verfügen über keine
Tradition in der Fabrik. Schon die Arbeiter gehören, laut Roth, "mehr
zur kapitalistischen Despotie als zu ihnen." Die sozialen Unterschiede
zwischen "Massenarbeitern" und "Fabrikarbeitern" prägen sich im jeweiligen Sozialmilieu recht deutlich aus. Er geht in seiner Theorie des
Massenarbeiters davon aus, daß die Basis jeder revolutionären und
autonomen Bewegung von unqualifizierten und halbqualifizierten Arbeitern der modernen Großindustrie gebildet wird. Die Niederlage der
Arbeiterbewegung ist für ihn u.a. auf die Unterschiede in der sozialen
Basis zurückzuführen. Privilegierte Sektoren der Arbeiterklasse und
die Massenarbeiter bilden weder ökonomisch noch sozialpsychologisch
eine Einheit. Auch wenn Roths Argumentation zum Teil auf einer ökonomischen Verkürzung beruht, vermittelt er Einsichten, die weiter verfolgt werden müssen.
(Karl Heinz Roth, Arbeiterklasse und Arbeiterorganisation - Deutschland 1890 - 1920, in: ders., Arbeiterradikalismus und die "andere"
Arbeiterbewegung, Bochum 1977, S. 15 - 75)

137.) Lutz Winckler, Hitlers Rede ..., a.a.O. (112), S. 489

Wincklers Einschätzung der Funktion der Rede der Nationalsozialisten in seiner anderen relevanten Arbeit. Dort behauptet er, daß "Sprache und Ideologie dem Faschismus in erster
Linie zur Rückbildung politischen Bewußtseins (dienen)".[138.]
(...) "und sich gegen Emanzipation überhaupt richtet".[139.]
Winckler lehnt Kritik an "nationalsozialistischer Sprache"
ohne gesellschaftlich fundierte Faschismustheorie ab.[140.] Bei
der ideellen Aufhebung des in der Realität unüberbrückbaren
Klassengegensatzes spielen "faschistische Sprache" und Propaganda für ihn eine zentrale Rolle.[141.] Die Faschisten vollziehen laut Winckler nur auf sprachlicher Ebene eine soziale
Revolution. Der gesellschaftlichen Realität, die weiterhin von
nicht miteinander in Einklang zu bringenden Klassengegensätzen
geprägt ist, setzen die Faschisten eine ideologische Schein-
welt entgegen, die gesellschaftliche Interessengegensätze
konsequent verleugnet. Die allgegenwärtige "faschistische
Propaganda", die scheinbar eine totale Politisierung der Massen bewirkt, führt so in Wirklichkeit, da sie von den realen
gesellschaftlichen Gegebenheiten abstrahiert, zu einer völli-
gen Entpolitisierung.[142.] Das Ziel der Rede liegt für
Winckler nicht in der "Erzeugung individueller Bewußtlosigkeit
im (...) seelischen Vereinigungsakt", sondern in der "Erzeugung sozialer Bewußtlosigkeit".[143.]
Winckler geht es also vor allem darum, die Rede auf ihre
klassenspezifische Wirksamkeit zu untersuchen. Er liefert
insgesamt zwar wichtige Anregungen;[144.] die Ausschließlich-

138.) Lutz Winckler, Studie zur gesellschaftlichen Funktion faschistischer
Sprache, Frankfurt 1970, S. 25

139.) ebd. S. 21

140.) Vergl. ebd. S. 12

141.) ebd. S. 19

142.) ebd. S. 18

143.) Lutz Winckler, Hitlers Rede ..., a.a.O. (112), S. 492

144.) Ein Vorzug Wincklers Arbeit besteht für mich darin, daß er nachweist,
daß Hitlers Reden mit den Stilmitteln der antiken Rhetorik analysiert
werden können. Er entdeckt z.B. in der Mairede eine geschickt aufge-
baute dispositio.
(Vergl. Lutz Winckler, Hitlers Rede ..., a.a.O. (112), S. 484)

keit, mit der er seinen Ansatz vertritt, rückt ihn jedoch in die Nähe der "Verneblungstheorie", die psychische Bewegungen, die quer zu den Klassenmerkmalen wirksam werden und psychische Reservoirs im Auditorium, erregt durch die Rede, ignoriert. Er verweist dann auch folgerichtig auf die für ihn beispielhaft wertvolle Arbeit von Herbert Bosch, der sich mit der faschistischen Intervention in den "proletarischen Klassendiskurs" auseinandesetzt.[145.) Bosch will die Perspektive eines "nicht mehr hilflosen Antifaschismus" entwickeln. Er interessiert sich besonders dafür, wie "Hitler ideologisch arbeitet, wenn er spricht; wie er Zustimmung zum Faschismus organisiert". Seine Fragestellung lautet: "Was tut Hitler, wenn er am 1.5.1933 redet? Welche Wirkung organisiert er?"[146.) Bosch kommt zu dem Ergebnis, daß der "proletarische Diskurs" seiner Ideologie beraubt und durch Umorganisierung der Konnotation durch den "faschistischen Diskurs" ersetzt wird.[147.) Er achtet sehr genau darauf, daß er den politisch-ökonomisch definierten Faschismusbegriff nicht verläßt, was in merkwürdiger Weise dazu führt, daß er den Erfolg der von ihm linguistisch-pragmatisch analysierten rhetorischen Strategien stillschweigend voraussetzt. Winckler wie auch Bosch überschätzen m.E. die Wirkungsmöglichkeit von Rede und Sprache und bleiben in ihrer Interpretation zu mechanisch. Für sie ist der Akt der Rede eine einseitige Beeinflussung des Auditoriums durch den Redner. Sie vergeben die Chance, den Wünschen und Phantasien,

---

145.) Herbert Bosch, Ideologische Transformationsarbeit in Hitlers Rede zum 1. Mai 1933, in: Faschismus und Ideologie 1, Berlin 1980, S. 115

146.) ebd. S. 111

147.) Dabei handelt es sich nach Bosch um Uminterpretationen von Wortbedeutungen und deren ideologischer Symbolik mit dem Ziel, das gegnerische proletarische Klassensubjekt in das Subjekt der faschistischen Volksgemeinschaft umzuwandeln. Er versteht Hitlers Mairede als Gegenrede zur proletarischen Revolutionserwartung, als politischer Inhalt der Maifreude, zunächst vom Ausdruck der Freude selbst. Auf einer zweiten Argumentationsebene besetzt Hitler 'Freude' mit der neuen Bedeutung, daß der erste Mai nicht Klassenkampf sei, sondern vielmehr Symbol der großen Einigung der Nation. Somit ist der Mai als Symbol des Frühlingsbeginns zum Symbol für den Beginn der 'Volksgemeinschaft' geworden. Die proletarische Bedeutung als Symbol des Klassenkampfes wird dagegen mit der negativen ideologischen Konnotation des Leids besetzt.
(Vergl. H. Bosch, Ideologische ..., a.a.O. (145), S. 111)

die in den Reden ihren Ausdruck finden, nachzuspüren, um so der verbindenen Gelenkstelle zwischen dem faschistischen Redner und dem Auditorium näher zu kommen. Der Blick vom gesellschaftlichen Subjekt als Teil des Auditoriums auf den faschistischen Führer ist ihnen fremd.

> Immer ist die Masse etwas wie eine
> belagerte Festung, aber auf eine
> doppelte Weise belagert: Sie hat
> den Feind vor den Mauern, und sie
> hat den Feind im Keller.
>
> Elias Canetti

2.3 Legitimation faschistischer Herrschaft in der öffentlichen Rede

Nach dem Regierungsantritt ist die öffentliche Rede für die Nationalsozialisten ein bewährtes propagandistisches Mittel. In ihrem Selbstverständnis wird aus der 'Kampfrede' die 'Staats- und Schulungsrede', die die Funktion hat, Regierungsmaßnahmen zu vermitteln und die 'Umerziehung der Volksgenossen' gewährleisten soll.[148.] Die Form der Propaganda verändert sich allgemein durch den Einsatz eines bis dahin nicht gekannten technischen Apparates.[149.] Durch Musik, Aufmärsche, Fackelzüge, Versammlungen, Kundgebungen, Feiern, Rundfunk, Presse, Plakate, Film und Wochenschau sind Möglichkeiten geschaffen, die Regie des öffentlichen Lebens zu übernehmen.[150.] Doch muß dabei berücksichtigt werden, daß im

148.) Vergl. Ingrid Strobl, Rhetorik ..., a.a.O. (58), S. 43

149.) "Zum ersten Mal wurde Massenpropaganda für eine bürgerliche Politik entfaltet, und gezielt erfolgreich technische Neuerungen - z.B. das Radio - zur Herrschaftssicherung eingesetzt".
(Vergl. Klaus Scheel, Krieg über Ätherwellen, Berlin 1970, zit. nach Gerhard Voigt, Bericht vom Ende ..., a.a.O. (17), S. 455)

150.) Die Massenmedien werden durch das Reichspropagandaministerium gleichgeschaltet; nahezu jeder Haushalt besitzt einen "Volksempfänger". Besonders diese technische Neuerung wird von vielen als ein Indikator für eine beginnende Neuzeit interpretiert. Man glaubt allgemein, daß so etwas nur dem Nationalsozialismus möglich ist. Er wird vor allem in ländlichen Gebieten als eine Bewegung der Erneuerung und des Fortschritts bei gleichzeitiger Rückwärtsgewandtheit der Ideologie empfunden. Die Feier des oft mühseligen Alltags, die Glorifizierung des alltäglichen, ist dabei ein wirksames Rezept. Die Berufsstände der Bauern und Handwerker werden affektiv nachdrücklich positiv besetzt. Diesen Schichten werden zudem Hoffnungen auf künftige ökonomische Sicherheit gemacht. Der Nationalsozialismus versteht es, Massen mit ästhetischen Inszenierungen in Bewegung zu setzen. Permanent werden Feste und Umzüge gefeiert, auch in den kleinsten Dörfern finden Heldengedenktage und Machtwechselfeierlichkeiten statt, die mit militärähnlichem Spektakel begangen werden. Im Zentrum aller dieser propagandistischen Manöver steht immer eine Rede. Zu solchen Anlässen

Faschismus auch ganz "alltäglich" gelebt wird. Die oft undurchdringbar erscheinende Totalität hat Widersprüche,[151.] und Peter Brückner macht darauf aufmerksam, daß mit dem Einsatz individueller List der Faschismus auch Lücken offenbart, durch die man schlüpfen kann, denn "er (der Faschismus, R.S.) ließ sich gegen konkurrierende Formen des Terrors nutzen und noch dazu relativ gefahrlos für einen selbst..."[152.] Gerade an solchen Arbeiten, die am Alltagsbewußtsein ansetzen, wird deutlich, daß die Hinwendung zum Nationalsozialismus überwiegend emotional bestimmt und keine kühl kalkulierte Entscheidung ist.[153.] Die Funktion der Rede besteht hauptsächlich darin, die Art und Weise der praktizierten Herrschaft als bereits emphatisch erwartet erscheinen zu lassen. Die Legitimation der Herrschaft der Faschisten an der Macht wird u.a. dadurch abgesichert, daß das Auditorium während des Redeaktes zum freiwilligen und

sprechen zumeist Kreisredner oder bekannte Personen aus den Regionen, die der NSDAP angehören.
(Wolfgang Kaschuba, Carola Lipp, Kein Volk steht auf, kein Sturm bricht los, Stationen dörflichen Lebens auf dem Weg in den Faschismus. in: Johannes Beck u.a. (Hg.), Terror und Hoffnung in Deutschland 1933 - 145, Reinbek 1980, S. 129 - 147)

151.) Vergl. Hans Dieter Schäfer, Das gespaltene Bewußtsein, Deutsche Kultur und Lebenswirklichkeit 1933 - 1945, München/Wien 1981

152.) Peter Brückner, Das Abseits als sicherer Ort, Berlin 1980, S. 19

153.) Folgende Ausschnitte aus Jochen Köhlers Arbeit, der zur Zeit des Faschismus lebende Jugendliche oder junge Frauen und Männer heute interviewt und nach ihren Erinnerungen befragt, machen dies deutlich:
"Mit Goebbels ging es mir schon etwas anders. Wenn ich mich an seine Rede an die deutsche Jugend erinnere, ich glaube, es war Ende 33 oder Anfang 34. Da sagte er: "Die Jugend hat immer recht!" Das ging mir runter wie öl: Seine ausgefeilte Redeweise fand ich faszinierend. Der hat einen angesprochen, ganz geschickt ..."
oder:
"Der 1. Mai 1934 war schon etwas anderes. Die Aufmärsche und das Fahnenmeer, begeisterte Menschen. Wie das alles klappte! Das entsprach dem, was die Nationalsozialisten in der Zwischenzeit geleistet hatten."
(Jochen Köhler, Klettern in der Großstadt, Geschichten vom überleben zwischen 1933 - 1945, Berlin 1981, S. 67)

gläubigen Helfer des Systems stilisiert wird.[154.]

In seiner Darstellung der Methodik des amerikanischen Faschistenführers Martin Luther Thomas nennt Adorno m.E. die dabei angewendete rhetorisch-psychologische Technik. Er behauptet, daß "die der objektiven Argumentation innewohnende Kälte, das Gefühl der Verzweiflung, der Isolierung und Einsamkeit, unter dem im Grunde jedes Individuum heute leidet, und dem es zu entkommen trachtet, wenn es öffentlichen Ansprachen zuhört",[155.] von den Faschisten begriffen und kanalisiert wird. Die Faschisten machen die Unaufhebbarkeit von Entfremdung zum Programm und legitimieren damit geradezu ihren Herrschaftsanspruch.

"Arbeit macht frei schrieben die Nazis über Konzentrationslager. Und nicht einmal das war Zufall. Denn ihre Freiheit erschöpfte sich in der Behauptung, Arbeit sei unaufhebbar, Freiheit im sozialistischen Sinne als von äußerer Naturbedingung freie Vergesellschaftung damit unmöglich. (...) Die Heroisierung des deutschen Arbeiters stellt also keineswegs bloß einen manipulatorischen Trick dar, vielmehr Konsequenz der behaupteten Unaufhebbarkeit von Entfremdung."[156.]

Die Rede der Faschisten ist oft sehr persönlich. "Nicht nur wendet sie sich an die unmittelbaren Interessen ihrer Gefolgschaft, sie schließt auch die private Spähre des Redners mit ein, der seine Zuhörer ins Vertrauen zu ziehen und die Kluft zwischen Mensch und Mensch zu überbrücken scheint."[157.] Adorno bezeichnet die Methode der Faschisten als

---

154.) "Es darf nicht dahin kommen, daß das Volk nach Vollzug eines Gesetzes fragt, "Warum tut die Regierung das?" Vielmehr müsse sein Volk so vorbereitet sein, daß es schon vorher ungeduldig fragt: "Wann wird die Regierung das tun?"
(Joseph Goebbels, Das Archiv, 3/35, S. 1784, zit. nach: Heinz Epping, Die NS-Rhetorik ..., a.a.O. (72), S. 151)

155.) Theodor W. Adorno, Studien zum autoritären Charakter, Frankfurt 1980, S. 360

156.) R. Rotermundt, Verkehrte ..., a.a.O. (1), S. 59

157.) Theodor W. Adorno, Studien ..., a.a.O. (155), S. 360

"Tricks".[158.] Bei ihnen handelt es sich jedoch um Denkbilder
oder Orte (Topoi), an denen die Beteiligten (faschistischer
Redner/Auditorium) sich treffen und die beiden etwas bedeuten
müssen. Besonderes Gewicht kommt in diesem Zusammenhang dem
Topos des Mythos "ursprünglicher - unmittelbarer Ganzheit" zu,
der die "Verflechtung von Identitäts- und Herrschaftsproble-
men" offenbart.[159.] Die Ganzheitsmythen 'Volksgemeinschaft',
deutsches Volk und 'arische Rasse', in Verbindung mit Arbeit
und Pflichterfüllung, betonen die "Verschiedenheit vom Draußen-
stehenden und schwachen zugleich Verschiedenheiten innerhalb der
eigenen Gruppe ab, mit Ausnahme, wie sich versteht, der hierarchischen, und ebnen sich ein."[160.]
Die innere Gebrochenheit des 'Volksgemeinschaftsgedankens'
wird während der Rede in eine revolutionäre Zukunftsaussicht
verwandelt. Der Nationalsozialismus bietet eine Zukunft an,
die weder zum wilhelminischen Reich zurück will noch die
Utopie eines proletarischen Staates im kommunistischen Sinne
propagiert. Er geht von den gegebenen gesellschaftlichen
Bedingungen aus, die als Grundlage für eine angeblich bessere
Zukunft dienen sollen. In der Konsequenz soll die bürgerliche
Gesellschaft erhalten, bzw. der einer solchen Utopie innewohnende Anspruch der ewigen Herrschaft des Bürgertums mani-
festiert werden.

158.) Einige dieser "Tricks" sind folgende:
'Einsamer Wolf - Trick'
(Hitler erwähnt, daß er auf sich allein gestellt die "Bewegung" ge-
gründet hat. Er will damit Abhängigkeiten und Manipulationen ver-
schleiern.)
'Gefühls - Befreiungs Trick'
(Die Propaganda der Faschisten bewirkt, laut Adorno, eine regressive
Befriedigung durch das Aufgehen des Ichs in der Gemeinschaft. Die
emotionale Erleichterung, die der Faschismus gewährt, ist bloßer Er-
satz für die Erfüllung von Wünschen.)
'Trick der verfolgten Unschuld'
(Die Aggressivität des Nationalsozialismus wird hinter der Maske der
Selbstverteidigung rationalisiert. Beispiel: SS ist gleich Schutzstaf-
fel.)
'Die gute alte Zeit'
(Der von Adorno auch "Menschliches Interesse - Trick" genannt wird,
täuscht beim Auditorium persönliche Nähe und Vertrautheit vor.)

159.) Jürgen Langenbach, Selbstzerstörung, Zur Identität von abstrakter
Arbeit (Technik und Faschismus), München 1982, S. 17

160.) T. W. Adorno, Die Freudsche ..., a.a.O. (43), S. 500

51

Der von der Propaganda vorgetäuschte "Glanz der Freiwillig-
keit",[161.] korrespondiert mit der Errichtung eines brutalen
Terrorsystems, das jegliche öffentliche Gegenrede von vornherein zum Selbstmordkommando erhebt.[162.] Das faschistische
Gewaltpotential, das in jeder Rede latent vorhanden ist, kommt
besonders - weil auch äußerlich sichtbar - in den 'Kurzredner-
aktionen' zum Vorschein. Allein die Form der Aktion zeigt das
Zusammenspiel von Vergewaltigung, Persuasion und Androhung
psychischer Repression durch die die Redner begleitenden Männer in SS-Uniform.[163.]

Um die gewonne Massenbasis zu erhalten und vor ihr die Herr-
schaftsausübung zu legitimieren, haben die Faschisten von
Anfang an Elemente des sozialen Unbehagens mit in den Rede
aufgenommen. Allerdings wird es unterlassen, die Verbindungen
zu den wirklichen Gründen für die soziale Misere herzustellen.
Die vielschichtigen Ausprägungen der antikapitalistischen
Ressentiments,die in gewandelter Form Bestandteil herrschafts-
technischer Integrationsmaßnahmen des Faschismus bis in die
Kriegszeit bleiben, finden Eingang in die Rede und machen "die
Rebellion der unterdrückten Natur gegen die Herrschaft unmittelbar der Herrschaft nutzbar...."[164.] So werden vor allem die
mittelständischen Schichten, aber auch Teile des Proletariats

161.) J. Dyck, die Rede bis ..., a.a.O. (70), S. 3

162.) Da es, wie Brückner ausführt, keine absolute Kontrollierbarkeit gab,
führt der nationalsozialistische Staat zunächst Krieg mit dem Ziel,
"innere Sicherheit" herzustellen. Sein Ziel ist, jede Initiative zu
lähmen, jede subjektive, individuelle Lebensäußerung außerhalb des
Nationalsozialismus zu brechen und ihre Vergeblichkeit zu demonstrie-
ren.

163.) Die Stimmung in der Bevölkerung war bis zum Mai 1934 sehr schlecht
geworden, denn trotz großer Versprechen war die materielle Lage nicht
verbessert worden. Deshalb startet im Sommer 1934 die NSDAP eine große
Propagandaaktion gegen "Miesmacher und Kritikaster". In einigen
Städten tauchen im Rahmen der Maßnahme überraschend z.B. in Kneipen
"Kleinrednertrupps" auf, die kurze Ansprachen halten. "In dieser Zeit
wurden die Türen der Lokale fest verschlossen und niemand durfte den
Raum verlassen".
(Vergl. Deutschland - Berichte der Sozialdemokratischen Partei
Deutschlands (Sopade) 1934 - 1940, Erster Jahrgeng 1934, Frankfurt
1982, S. 106)

164.) Max Horkheimer, T.W. Adorno, Dialektik ..., a.a.O. (114), S. 166

erreicht. Der Mittelstand ist durch die zunehmende Kapitalkon-
zentration in seiner Existenz bedroht. Das in der öffentlichen
Rede ständig wiederholte Versprechen, den Kampf gegen das
Großkapital aufzunehmen, wird entsprechend positiv regi-
striert. Der Klassenkampf wird als "marxistisch-jüdische"
Erfindung denunziert,[165.] während künstlich zwischen "schaf-
fendem deutschen" und "raffendem jüdischen" Kapital unterschieden wird. Die Auseinandersetzung der Klassen wird in
einem "Rassenkampf" umgemünzt.[166.] Immer wieder taucht in den
Reden die Forderung nach der "Kommunalisierung" der Trusts und
Warenhäuser auf, die nicht die sozialistische Forderung nach
einer geplant produzierenden Ökonomie beinhaltet, sondern die
Vorstellung einer "ständisch" gegliederten Produktionsform
repräsentiert. Ausbeutung wird nicht aus der kapitalistischen
Form des Produktionsprozesses abgeleitet; man unterscheidet
zwischen guten Unternehmern und schlechten Kapitalisten.[167.]
In der letzten Phase des nationalsozialistischen Regimes wird
die projektive Ablenkung der antikapitalistischen Haltung auf
das "jüdische Finanzkapital" in der öffentlichen Rede kaum
noch weiter verfolgt. Den antisemitischen Verschwörungstheo-
rien ist innenpolitisch durch die sogenannte "Arisierung" und
der physischen Vernichtung der jüdischen Bevölkerung der Boden
weitgehend entzogen. Wie aus Goebbels Rede zum 'totalen Krieg'
ersichtlich, wird nun für den ideologischen Kampf gegen den
"äußeren Feind" mobilisiert. Die von ihm angewendete pseudoklassenkämpferische Rhetorik zum Zweck der Herrschaftslegitimation hat Jörg Bohse in seinem Aufsatz hinreichend nachgewie-
sen.[168.]

165.) Vergl. Ulrich Ammon, Zur Sprache des Faschismus, in: ders., Probleme
der Soziolinguistik, Tübingen 1977, S. 108 - 112

166.) Vergl. Hitlers "grundlegende" Rede über den Antisemitismus, in: Vierteljahresheft für Zeitgeschichte, Heft 16, 1968, Dokumentation, S. 400
- 420

167.) Vergl. E. Bloch, Erbschaft ..., a.a.O. (37), S. 45 ff

168.) Vergl. Jörg Bohse, Elemente ..., a.a.O. (5)

Wenn ihrs nicht fühlt, ihr werdets
nicht erjagen!
Wenn es nicht aus der Seele
dringt,
und mit urkräftigem Behagen
Die Herzen aller Hörer zwingt!

Johann Wolfgang v. Goethe

2.4 Die Glaubhaftmachung im emotionalen Sinne. - Die antike Affektenlehre gemessen an Walter Benjamin

Eine ganz besondere Bedeutung bekommt die Rede der Faschisten
im Hinblick auf ihre wichtigste Funktion, die affektive,
psychologische Erregung des Auditoriums, durch die für ihre
Zwecke hergestellten Bezüge zur rhetorischen Psychologie. Vor
allem aus der Rhetorik von Aristoteles sind wichtige Erkennt-
nisse entliehen und eingesetzt worden. Danach kommt es besonders darauf an, die Darstellungsgegenstände der Rede (res) auf
ihre emotive Wirkung hin zu konzipieren. "Von daher definiert
die Rhetorik ihr Anliegen als 'Glaubhaftmachen', (...) 'per-
suadere', (...) die Rhetorik des Aristoteles nimmt, trotz
ausdrücklicher Wahrung des philosophischen Standpunktes in
ihrem Bestehen auf den sachlichen Beweisen, die rhetorischen
Gesichtspunkte maßgeblich in ihr Dispositionsschema auf".[169.]
Aristoteles nennt drei Arten des Glaubhaftmachens durch rhetorische "überzeugungsmittel": "Sie sind nämlich entweder im
Charakter des Redners begründet oder darin, den Hörer in eine
gewisse Stimmung zu versetzen, oder in der Rede selbst, d.h.
durch Beweisen oder scheinbares Beweisen".[170.]
Die in der Redesituation beim Redner auftretende Leidenschaft
(pathos) verursacht beim Zuhörer einen Erregungszustand. Dieser kann durch tatsächliche oder imitierte Gefühle des Redners
erzeugt werden. Ebenfalls der Charakter, die Person des Redners, "sein habituelles, seelisches Verhalten" und seine
soziale Stellung (ethos) verursachen Emotionen im Auditorium.
Während das pathos bei den Hörern emotionale Wirkungen hervorruft, "die sie ihrer Verstandesfunktionen berauben und die

169.) Klaus Dockhorn, Macht ..., a.a.O. (6), S. 49

170.) Aristoteles, Rhetorik, I,2,3

54

überlegung ausschalten", geht vom ethos eine emotive Wirkung aus, die als eine "gelassene Gemütsreaktion"[171] bezeichnet werden kann. Sie entsteht "als eine Art gefühltes Wiedererkennen eines Bekannten und Gewohnten am Benehmen des Menschen, und ist eine schamvolle Verwirrung, in der der Hörer erkennt, daß der Redner voraussetzt, er nehme an einem allgemein Bekannten teil".[172] Die Rede im Faschismus ist so aufgebaut, daß sie dem Auditorium Lust verschafft, weil durch die vom Redner ständig wiederholten Aussagen in lediglich abgewandelten Formulierungen sich die Zuhörer als Beteiligte, als unmittelbare aktive Mitproduzenten, erleben können. Die erlösende Wirkung für das Auditorium liegt darin, die Produktion des Redners als die im Grunde eigene wiederzuerkennen. Ausdrücklich empfohlen wird ein solches rhetorisches Vorgehen von Quintilian, der ausführt: "Und es wird (...) nützlich sein, (...) daß wir absichtlich bestimmte Gedanken nehmen und sie, so vielfach wir nur können, abwandeln, wie aus dem gleichen Wachs gern immer wieder andere Gestalten modelliert werden".[173]

Die Bedeutsamkeit des Kernstücks der antiken Rhetorik, die rhetorische Affektenlehre, darf bei der Frage nach der Funktion der Rede von Faschisten nicht unterschätzt werden.[174] Ich verweise auf die Arbeit von Klaus Theweleit. Die Befreiung der Gefühlsstöme der von ihm analysierten soldatischen Männer ist u.a. mit ihrem Einsatz erreicht worden. Die

171.) Klaus Dockhorn, Macht ..., a.a.O. (6), S.50

172.) ebd. S. 51

173.) Quintilian X, 5, 9

174.) "Die faschistische Rede macht den Teilnehmer am Ritual nicht zum Empfänger eines bestimmten Sinns - der Redner variiert 20 bis 30 mal denselben Satz, den alle Anwesenden schon kennen und bejahen (...), sondern sie erzeugt in ihm Lust - sie erlöst ihn zu einer Produktion, die er als seine eigene erfährt. Von der Rednergestalt berührt, wird der Zuhörer zum Akteur. Deshalb betonen die 'Erleuchteten' immer so sehr, was im Saal geschieht; sie fühlen sich als Handelnde, sie selber sind es, die sich berauschen im großen Dom, im Tempel, den der Führer in der äußeren Gestalt seiner mächtigen Rede um sie baut. Das ist seine Arbeit, der Rausch ihre."
(J. Dyck, Rede ..., a.a.O. (79), S. 3)

rhetorische Affektenlehre ist ein wirksames Mittel im zentralen Redeakt einer Massenveranstaltung des Nationalsozialismus.
Sie ist einerseits geeignet, national empfindende Männer und
Frauen zu erregen, für die die bestehende bürgerliche Ordnung
starr, unbeweglich und überholt scheint. Ihre Sehnsucht nach
einer konservativen Revolution wird wachgehalten. Andererseits
ist die rhetorische Affektenlehre geeignet, bei Teilen der
Arbeiterschaft die Sehnsucht nach Verbürgerlichung, nach Ruhe
und Sicherheit, zu erwecken. Der Durchbruch der NSDAP zur
Massenpartei ist nicht zufällig während der Zeit der Weltwirtschaftskrise erfolgt. Der Alltag der Arbeitslosen ist von
Ängsten, aber auch von Langeweile geprägt. Die Gewerkschaften
und Arbeiterparteien sind nicht in der Lage, die kulturellen
Bedürfnisse zu befriedigen, wohl aber die NSDAP.[175.]
In diesem Zusammenhang bekommt auch die von Walter Benjamin
oft zitierte These, daß "der Faschismus versucht, die neu
entstehenden proletarisierten Massen zu organisieren, ohne die
Eigentumsverhältnisse, auf deren Beseitigung sie hindrängen,
anzutasten, (und) er sein Heil darin (sieht), die Massen zu
ihrem Ausdruck (beileibe nicht zu ihrem Recht) kommen zu
lassen", den für mich entscheidenden Sinn.[176.] Der Sachbeweis
(probare), als eine Grundlage der Rede, tritt völlig in den
Hintergrund. Die Domänen des faschistischen Redners sind das
pathos, mit dem die Zuhörer durch eine jede kritische Regung
ausschaltende, emotiv verursachte Identifikation gewonnen
werden, und das ethos, durch das die Zuhörer erregt oder sanft
berührt ihre unterdrückten Triebe rauschhaft ausleben können.
Die Massen, besser ein großer Teil der Masse, finden allein
über diese "Eindrucks- und Identifikationshaltung"[177.] ihre

175.) "Die NSDAP bot neben Urlaubsreisen auch Theater- und Konzertbesuch an
sowie Kurse in Sportarten wie Reiten, Segeln, Tennis und Schilaufen,
die früher ausschließlich von gehobenen Gesellschaftsschichten ge-
pflegt wurden. 1938 nahm jeder dritte Arbeiter an "Kraft-durch-Freude-
Ferienreisen" teil."
(Vergl. H.-D. Schäfer, Das gespaltene ..., a.a.O. (151), S. 116/117)

176.) Walter Benjamin, Das Kunstwerk im Zeitalter seiner technischen Reproduzierbarkeit, in: ders., Werke Bd. 2, Frankfurt 1980, S. 506

177.) Ansgar Hillach, "Ästhetisierung des politischen Lebens", Benjamins
faschismustheoretischer Ansatz - eine Rekonstruktion, in: Burkhardt
Lindner (Hg.), "Links hatte noch alles sich zu enträtseln", Frankfurt
1978, S. 163

in Wirklichkeit lediglich in Form von inneren Ersatzhandlungen vorliegende Beteiligung als Funktion realer politischer Teilhabe vermeintlich gesichert wieder.

Walter Benamin stellt weiterhin fest, daß der Faschismus "auf eine Ästhetisierung des politischen Lebens"[178.] hinausläuft. Hier ist ihm unter der Prämisse zuzustimmen, daß "der Widerspruch zwischen der Wunschproduktion der einzelnen und den Ansprüchen der gesellschaftlichen Macht in der Inszenierung des Aufmarsches aufgehoben (ist)".[179.] Seine daran anschließende Theorie, der "Vergewaltigung der Massen (...) im Kult des Führers" muß jedoch kritisiert werden. Er vernachlässigt hierbei die Seite des Faschismus völlig, die die Erleichterung und das lustvoll erlösende Gefühl für die Teilnehmer des Rituals berücksichtigt"[180.] Er begreift sie als "in einen Bann versetzt"[181.] und nicht als selbst agierende Darsteller ihrer befreiten Triebe. Benjamin bleibt insoweit dem traditionellen Faschismusverständnis verhaftet. An anderer Stelle liefert er mit seiner Einschätzung der Vergegenwärtigung eines Geschehens durch bildhafte Erfahrung, bzw. der Rhetorik des Bildes, wertvolle Hinweise. Er hat erkannt, daß die "Repräsentation des vor den Augen sich Bewegenden ein pathos ist und, dargestellt, pathos hervorruft, (...) das Leidenschaften zu erregen vermag".[182.] Seine Gedanken zur propagandistischen Bedeutung der Wochenschau, die aufgrund technischer Neuerungen von den Faschisten eingesetzt werden kann, lassen diese Interpretation zu. "Kaders von Hunterttausenden lassen sich von der Vogelperspektive aus am besten erfassen."[183.] Nach den

178.) W. Benjamin, Das Kunstwerk ..., a.a.O. (176), S. 506

179.) Theweleit, I, S. 448

180.) "... endlich brauche ich mich nicht mehr zu verstecken (...), endlich sehe und fühle ich, daß die anderen fühlen wie ich ..." (Theweleit, I, S. 448/449)

181.) Walter Benjamin, Pariser Brief I, in: Werke Bd. 9, Fankfurt 1980, S. 489

182.) K. Dockhorn, Macht ..., a.a.O. (6), S. 102

183.) W.Benjamin, Das Kunstwerk ..., a.a.O. (176), S. 506

Massenveranstaltungen sieht die Masse sich sozusagen noch einmal selbst ins Gesicht. Die propagandistische Wirkung der Sportpalastkundgebung z.B., in der Goebbels seine Rede zum 'totalen Krieg' hält, kann nachträglich durch die 'Rhetorik des Bildes' auch dort noch erhöht werden, wo sich allmählich Skepsis verbreitet,. "Auch zurückhaltendere Bevölkerungskreise können sich der nunmehr im Bilde sichtbaren, hinreißenden Wirkung der Rede und ihres spürbaren Widerhalls bei den Teilnehmern der Kundgebung nicht entziehen".[184.] Quintilian formuliert bereits für die antike Rhetorik, daß "(es) großen Eindruck macht, wenn man zu den wirklichen Vorgängen noch ein glaubhaftes Bild hinzufügt, das den Zuhörer gleichsam gegenwärtig in den Vorgang zu versetzen scheint..."[185.] Obwohl Quintilian natürlich noch nichts von der technischen Reproduzierbarkeit von Bildern gewußt hat, ist seine Forderung, das Auditorium quasi zum Augenzeugen werden zu lassen, damit bestens erfüllt. Der Film vermittelt das Erlebnis des unmittelbaren Daseins. Er gestattet dem Zuschauer, Augenzeuge zu werden, führt an die konkreten Einzelheiten heran und läßt teilhaben an der Atmosphäre des Geschehens. In der Wochenschau nimmt das Farbe und Leben an, was womöglich sonst blasse und abstrakte Vorstellung bleibt. In der nationalsozialistischen RPL ist man sich der Wirkung des Bildes besonders bei der Darstellung von Massenbewegungen bewußt. Die Bedeutung der Wochenschau neben Funk und Presse wird in der Fachzeitschrift 'Der deutsche Film' entsprechend gewürdigt: "... es ist ein ganzer Sturm von Wahrnehmungen und Empfindungen, der in ein paar Augenblicken von der Leinwand auf den Zuschauer eindringt, packender und aufwühlender als je ein Wortbericht es sein könnte".[186.]

184.) Erwin Leiser, "Deutschland erwache", Propaganda im Film des Dritten Reiches, Reinbek 1978, S. 59

185.) Quintilian IV,2, 123

186.) Frank Maraun, Die Bedeutung der Wochenschau neben Funk und Presse, in: Der deutsche Film, 4.Jg., Heft 5, Nov. 1939, zit. nach: Gerd Albrecht (Hg.), Film im dritten Reich, Eine Dokumentation, Karlsruhe 1979, S. 139

Walter Benjamin gelangt zu der Einsicht, daß zur Steigerung
der Wirksamkeit des Nationalsozialismus, der eine für seine
Zwecke notwendige neue Gefühlsästhetik für die Wahrnehmung von
Massen begründet, "der massenweisen Reproduktion die Reproduktion von Massen besonders entgegen (kommt)".[187.] Masse
drückt sich am besten in der Bewegung aus und kann nur durch
bewegte Bilder überblickbar werden.[188.] Die Propagandisten
der Nationalsozialisten wissen, daß die Nachahmung sichtbarer
Wirklichkeit denen, die sie reproduziert im Film sehen, die
Möglichkeit leidenschaftlichen Erlebens in besonderer Form
bietet. Quintilian beschreibt die damit hervorgerufenen memoria als eine "nicht definierbare, wunderbare Kraft der Seele,
Bilder zu bewahren und diese Bilder, gleich als seien sie
Eindrücke in Wachs, ohne Anstrengung, spontan, wieder emporzu-
heben, Ordnungen und Reihenfolgen wiederherzustellen, die dem
Bewußtsein geschwunden sind..."[189.] Benjamin hat insofern
recht, wenn er behauptet, daß "die faschistische Kunst eine
Propagandakunst (ist)",[190.] wenn sie als Mittel zur Lenkung
der Gefühlsströme des einzelnen verstanden wird. Die Lenkung
läßt die im Redeakt ausgelöste Befreiung der Wunschproduktion
des Unbewußten durch die Rhetorik des Bildes, in der "das
deutsche Heer als lebendiger Organismus, als gegliederte und
disziplinierte Masse in seiner stolzen und kraftvollen Stärke"[191.] gezeigt wird, zum Erlebnis einer scheinbaren Wirklichkeit in verdichteter Form werden. Der unbewußte Wunsch
nach Stärke und Ganzheit bleibt in seiner Befreiung nicht
allein auf die Ausschaltung des Bewußtseins angewiesen, sondern wird durch das Sehen, als befriedigenste und überzeugen-
ste Form der Kenntnisnahme eines Tatbestandes, auf einer zum
Alltag gehörenden Ebene rationalisiert. Eine Ratio freilich,

187.) W. Benjamin, Das Kunstwerk .., a.a.O. (176), S. 506

188.) "Er (der Film, R.S.) trägt das Auge wie auf einem Zauberteppich überall hin".
(Frank Maraun, die Bedeutung ..., a.a.O. (186), S. 141

189.) Quintilian XI, 2, 28

190.) W. Benjamin, Pariser ..., a.a.O. (181), S. 489

191.) Frank Maraun, Die Bedeutung ..., a.a.O. (186), S. 139

die, wie Benjamin ausführte, in einem Punkt gipfelt; und
dieser Punkt ist der Krieg.[192.)]

192.) Vergl. W. Benjamin, Das Kunstwerk ..., a.a.O. (176), S. 506

2.5 Analyse der Rede Hitlers vor Rüstungsarbeitern am 10. Dezember 1940 in Berlin

Wie richtig Walter Benjamin mit seiner Vermutung die folgenden Entwicklungen vorausahnt, ist mittlerweile bekannt. Mit dem Überfall auf Polen im September 1939 beginnt der sich schon lange abzeichnende Krieg. Ich schließe mich der Ausdeutung historischer Tatsachen und Zusammenhänge an, die davon ausgeht, daß der zweite Weltkrieg - ebenso wie 1914 der erste Weltkrieg - vom deutschen Imperialismus als Hauptaggressor entfesselt wird. Entsprechend dem spätkapitalistischen immanenten Zwang der ökonomischen Verhältnisse streben Deutschland, Italien und Japan eine Neuverteilung der Welt und eine Ausdehnung ihrer Profitquellen, Absatzmärkte und Rohstoffgebiete an. Die anderen ebenfalls imperialistischen Großmächte sind zu diesem Zeitpunkt gezwungen, ihre Einflußsphären zu verteidigen. Da sie ihre Eroberungspolitik bereits sehr weit vorangetrieben haben, können sie sich ihre Rohstoffbasen, Absatz- und Ausweichmärkte über den kolonialen Binnenverkehr erschließen. Die Expansionsmöglichkeit der deutschen Industrie ist dagegen nur mit militärischen Mitteln zu realisieren. Die Herrschaft über Europa ist zunächst das Ziel des Nationalsozialismus und der ihn tragenden Kräfte. Die Regierungen Großbritanniens und Frankreichs kommen ihren Bündnisverpflichtungen gegenüber Polen am 3. September 1939 mit der formalen Kriegserklärung an Deutschland nach. Chamberlain und Daladier versuchen jedoch inoffiziell, durch Verhandlungen und Zugeständnisse, eine weitere Eskalation zu verhindern. Trotzdem beginnt im Frühjahr 1940 die kriegerische faschistische Offensive in Westeuropa. Vorher werden im April 1940, nach den Prinzipien des Blitzkrieges, Norwegen und Dänemark besetzt. Im Mai 1940 beginnt die deutsche Wehrmacct den Angriff gegen Frankreich, die Niederlande und Luxemburg, der am 22. Juni 1940 durch die Unterzeichnung des Waffenstillstands im Salonwagen von Compiègne siegreich beendet wird. Den Plänen des nationalsozialistischen Deutschlands zur "Neuordnung Europas" stellt sich England militärisch erfolgreich in den Weg. Im Juli 1940 macht Hitler ein sogenanntes letztes Friedensangebot an Großbritannien, in dem er zu verstehen gibt, daß eine künftige Zusammenarbeit bei der Verteilung der Welt nicht ausgeschlossen sei. Als sich die Absicht, einen Kompromißfrieden zu schließen, als undurchführbar erweist, plant die faschistische Führung, England durch eine Invasion, die Ausweitung des Krieges auf den Mittelmeerraum, sowie durch einen verstärkten Luft- und Seekrieg zum Nachgeben zu zwingen. Der nun beginnende Luftkrieg kann Großbritannien jedoch nicht in große Verlegenheit bringen. Die oftmals angekündigte Landung deutscher Truppen auf der Insel findet nie statt. Im Gegenteil wirft die britische Luftwaffe erstmals Bomben über deutschen Städten ab und macht die Einbeziehung der Lebensräume der Zivilbevölkerung in den Krieg auch in Deutschland unübersehbar.

Die gegen Ende 1940 vorherrschende Stimmung in der Bevölkerung macht deutlich, wie dominierend zu diesem Zeitpunkt bereits die kriegsbedingten Einschränkungen den Alltag bestimmen. Da die Kriegsbegeisterung der ersten Monate bei Teilen der Bevölkerung schwindet, versucht die RPL dem entgegenzuwirken.[193] "Aufmärsche, Plaketten, Armbinden, Uniformen , Radio, humoristische Darbietungen, alles ist auf Propaganda für den Krieg, auf Zusammenhalten und auf Haß gegen England eingestellt".[194] Es lassen sich nicht alle über die tatsächliche Situation hinwegtäuschen. "Es kommen ja auch Verwundete, es hat viele Gefallene im Krieg gegen Polen gegeben".[195] Die angespannte Versorgungslage tut ein übriges. Die Rationierungen des Verbrauchs erstrecken sich nicht nur auf Nahrungsmit-

---

193.) "Die Stimmung im Volke ist schlecht. Aller Propaganda zum Trotz herrscht alles andere als Begeisterung für den Krieg". (Deutschland-Berichte, Sopade, a.a.O (163), siebter Jahrgang 1940, S.105)

194.) ebd. S. 21

195.) ebd.

tel, sondern auch auf Heizmaterial, Reinigungsmittel und Kleidungsstücke. Um dem Hamstern von besonders knappen Waren vorzubeugen, wird schon einige Zeit vor Kriegsausbruch eine direkte Reglementierung veranlaßt. Für Fett, Obst und Kaffee werden Kundenlisten eingeführt, die die Vorläufer der folgenden Bezugsscheine und Lebensmittelkarten sind.[196.) Die Belastung der Arbeiterschaft ist besonders groß, denn obwohl viele wieder regelmäßig Geld verdienen, "können sie sich nichts kaufen, da alles zugeteilt ist und man auf Marken oft nichts bekommt".[197.) Besonders in den kriegswichtigen Industriezweigen werden zudem überstunden, Nachtarbeit, die sogenannten Langzeitarbeitstage und Urlaubssperren angeordnet. In den Betrieben selbst spielt das Denunziantentum eine große Rolle. Einige Arbeiter leisten freiwillig unbezahlte Mehrarbeit und verpflichten durch ihr Verhalten alle anderen mit, wenn auch gegen ihren Willen. Die sogenannten "Betriebsführer" sind in ihrem Element; die "Gefolgschaftsmitglieder" haben zu gehorchen, andernfalls besteht die Gefahr, Soldat werden zu müssen oder zur "Ley-Truppe" an den Westwall" kommadiert zu werden.[198.)

Die in dieser Periode entfaltete Propaganda stellt England als den Hauptfeind und Urheber des Krieges hin. In der am 10. Dezemeber vor Berliner Rüstungsarbeitern gehaltenen Rede versucht Hitler, die kriegsbedingten Einschränkungen zu legitimieren. Das mit rhetorischen Mitteln konstruierte Feindbild ist jedoch eine Projektion der selbst herbeigeführten politischen und sozialen Misere. Genau das aber muß Hitler verleugnen. Das propagandistische Inszenario, in das die Rede eingebettet ist, gleicht in seiner Struktur einer sich auftürmenden Woge, die, nachdem der Höhepunkt erreicht ist, sanft ausgleitet. Daß der "Führer" zum "Heer der Arbeiter" sprechen will, wird vom "Völkischen Beobachter" am 9. und 10. Dezember angekündigt. Die Rede wird über den Volksempfänger gesendet und "alle Rüstungsbetriebe des Reiches nahmen durch den Rundfunk

196.) ebd. S. 42

197.) ebd. S. 23

198.) ebd.

an der Kundgebung teil..."[199] Hitler spricht in "einem großen Rüstungswerk der Reichshauptstadt"[200], nähere Angaben werden nicht gemacht. Im "Völkischen Beobachter" vom 12. Dezember ist aus zahlreichen Abbildungen zu entnehmen, daß eine riesige Halle als Versammlungsort vorbereitet worden ist. Hitler spricht von einem erhöht stehenden Podest, das zwischen Drehbänken, Bohrmaschinen, Kränen, halbfertigen Geschützen und Eisenpfeilern errichtet scheint. Das Auditorium, das zum großen Teil aus Frauen besteht, sitzt auf Trägern und steht balancierend auf glatten Kanonenrohren oder, wie die meisten, unter dem Podest auf dem Boden der Werkshalle. Die Halle selbst wirkt grau und ist durch einige Hakenkreuzfahnen nur wenig geschmückt. Die Bilddokumente strahlen Härte und eine durch das herumstehende Material hervorgerufene Nüchternheit aus, die das Publikum seine gewohnte Umgebung neu erleben läßt. Die stilisierte Glorie wirkt stahlgrau bis finster und ist geeignet innere Haltungen zu provozieren, die die abverlangten Opfer der verstärkten Arbeitsbelastungen ertragen lassen sollen. Die äußere Szenerie korrespondiert in ihrem technisierten Heroismus trotzdem eigenartig mit dem überhaupt nicht rationalen Inhalt der Rede.

Aus den Schilderungen des "Völkischen Beobachters" vom 11. Dezember geht hervor, daß eine affektive Gefühlslage, ähnlich der des Wartens auf den Messias, bewußt herbeigeführt wird.[201] Vielen Arbeiter/innen kann laut Zeitungsinformation "die freudige Erwartung der Begegnung mit dem Führer vom Gesicht abgelesen werden".[202] Die Bilddokumente scheinen das zu bestätigen. Darüber, ob das Auditorium besonders ausgesucht ist, gibt es keine Hinweise. Oftmals ist im "Völkischen Beobachter" vom 12. Dezember, in dem die Rede in umfangreichen

199.) "Völkischer Beobachter" v. 11. 12. 1940, S. 1

200.) ebd.

201.) "Im Hauptschiff drängen sich Kopf an Kopf, Männer und Frauen in Erwartung des Führers. (...). Vor ihnen erhebt sich aus schweren Metallböden und Platten gefügt, die Rednerkanzel. (...) Der Führer kommt. (...) Sein Blick gleitet über die Menschen hinweg durch die ganze Halle."

202.) "Völkischer Beobachter" v. 12.12. 1940, S. 5

Auszügen dokumentiert ist, von ungeheurem Beifall und sich zu großartigen Ovationen steigernden Publikumsreaktionen die Rede.[203.] In den Ausgaben vom 12. und 13. Dezember sind ausgesuchte Stellungnahmen der ausländischen Presse zur Rede vom 10. Dezember abgedruckt. Ihr Tenor ist ängstlich bis bewundernd. Die Auszüge des "Völkischen Beobachters", die der Redesammlung von Domarus[204.] und die mir zugängliche Quelle, in der offenbar der gesamte Redetext festgehhalten ist, stimmen bis auf geringe sprachliche Abweichungen überein. In dem von mir für die Analyse zugrunde gelegten Quellentext sind einige umgangssprachliche Wendungen geglättet worden. Sinnbildende Veränderungen habe ich nicht feststellen können.

Nach der Einteilung Quintilians gibt es drei Redegattungen, die er als genus indicale (Gerichtsrede), genus deliberativum (politische Rede, Volksrede, beratende Rede) und genus demonstrativum (Lob- oder Tadelrede) bezeichnet. Hitlers Rede vom 10. Dezember 1940 gehört zur Gattung des genus deliberativum. Für dieses genus ist nach Aristoteles die Anwendung der Kategorien "Zuraten" oder "Abraten" typisch.[205.] Weiterhin fordert die klassische Rhetorik eine explizit futuristische Dimension.[206.] Hitler argumentiert auf diesen Grundlagen; zum einen fordert er vom Auditorium innere Haltungen und Handlungen, die den Zielen des Natonalsozialismus föderlich sind, zum andern beschwört er eine glorreiche Zukunft, die von jedem

---

203.) ebd.

204.) Vergl. Max Domarus, Hitler - Reden und Proklamationen 1932 - 1945, Bd. 3, München 1965, S. 1627 - 1634)
Die Redeanalyse von Domarus ist leider wertlos und wissenschaftlich nicht haltbar. Die Kernaussage der Rede liegt für ihn darin, daß Hitler seine Minderwertigkeitskomplexe gegenüber den aristokratischen Engländern aufarbeitet. Seine Herangehensweise ist auf eine für mich naive Art werkimmanenet, die abgelehnt werden muß.

205.) "Die Gattung der beratenden Rede hat Zuraten oder Abraten zur Aufgabe; denn eines von beiden tun die immer, die entweder privat Rat erteilen oder die vor der Volksversammlung als Redner auftreten."
(Aristoteles, Rhetorik, I, 3, 3)

206.) "Als Zeiträume jeder Redegattung gelten: für den beratenden Redner die Zukunft - denn es ist Zukünftiges, wozu er durch seine Beratungsrede raten oder wovon er abraten will - ..."
(Aristoteles, Rhetorik, I, 3, 4)

einzelnen große Opfer verlangen wird. Ob er den von der klassischen Rhetorik formulierten Ansprüchen und Aufgaben, die der Redner bewältigen muß, im idealen Sinne gerecht wird, kann nur spekulativ diskutiert werden.[207.]

Die Rede fügt sich in ihrem politisch-strategischen Kontext völlig in die militärisch-operative Konzeption der nationalsozialistischen Führung, Ende des Kriegsjahres 1940, ein. In ihrem Zentrum steht die Behauptung, daß "eine der beiden Welten zerbrechen (muß), entweder die eine oder die andere". (siehe Anhang, Seite 168, Zeile 5 - 6, im weiteren: 168/5 - 6) Die eine Welt wird für Hitler durch die Staaten repräsentiert, deren Völker nach seinem Verständnis von ein "paar hundert gigantischen Kapitalisten" (159/15) dirigiert werden und gleichsam durch die solche Praktiken begünstigende demokratische Staatsform dem Verfall preisgegen sind. Er bezichtigt vor allem England und das bereits militärisch besiegte Frankreich der Dekadenz, gleichzeitig diffamiert er die Demokratie allgemein. Die andere Welt ist für ihn die nationalsozialistische "Volksgemeinschaft", die sich das von den anderen bestrittene Lebensrecht zunächst im Innern erkämpft hat und nun daran

207.) Ich möchte meine Spekulation trotzdem vorstellen:
Die der Rede zugrunde liegende inventio schöpft ihre "Substanz" aus folgenden Quellen und gängigen Topoi: das deutsche Volk ist ein "Volk ohne Raum", die Negierung der Klassengesellschaft, die Notwendigkeit der Herstellung bzw. Erhaltung der "Volksgemeinschaft", die Legitimation der Kriegsführung und der damit verbundenen Einschränkungen für die Bevölkerung, die Legitimation des nationalsozialistischen Führerprinzips und der ständige Verweis auf eine bessere Zukunft, wenn die als notwendig hingestellten Opfer erbracht werden. Quer zu allen Argumenten bemüht sich Hitler besonders um antikapitalistische Formulierungen. Er macht dies offensichtlich, um das aus Arbeitern bestehende Auditorium für sich zu gewinnen. Die in Wirklichkeit plumpe, pseudosozialistische Phrasenhaftigkeit seiner Versuche ist jedoch unübersehbar. (162/1 - 9) Die elocutio paßt Hitler der gruppenspezifischen Zusammensetzung des Publikums an, indem er zumeist einfache und kurze Sätze spricht. Oftmals verwendet er metaphorische, volkstümliche und sprichwortartige Redewendungen. (z.B 155/33 - 36) Die von ihm gewählte probatio erschöpft sich ausschließlich in künstlichen und in der vorliegenden Rede intellektuell nicht nachvollziehbaren Beweisen (artificiales), die rein verbale Konstruktionen, jedoch keine Wiedergabe der Wirklichkeit, darstellen. Eine verfälschte und für seine Zwecke stilisierte fragmentarisch vorhandene refutatio wird von Hitler, den imaginären Gegner oft selbst sprechend darstellend, durch den Gebrauch allegorischer Stilmittel in Anwendung gebracht. (167/21 - 25) Über die Bereiche memoria und actio sind aufgrund mangelnder Informationen über das Redeumfeld keine weiteren Aussagen möglich.

geht, die "Beseitigung der außenpolitischen Bedrückung" (155/40) zu betreiben. Die Propagierung der beiden miteinander im Kampf stehenden Welten gipfelt in dem Ausruf: "Und wir wissen ganz genau, wenn wir in diesem Kampf unterliegen, dann ist das das Ende, nicht etwa unserer sozialistischen Aufbauarbeit, es ist das Ende des deutschen Volkes". (167/12 - 16) Hitler entfaltet für die Einlösung und Legitimation seiner innen- und außenpolitischen Versprechen und Zielsetzungen die einzige Möglichkeit: den bereits im vollen Gange befindlichen Krieg. Doch vermeidet er es, die dahinter stehenden imperialistischen Motive und den aggressiven Nationalismus offen zu formulieren. Er bedient sich zur Verschleierung dessen der rhetorisch-psychologischen Figur der "verfolgten Unschuld", die er duch künstliche Beweise konstruiert. In Form einer Anapher ("Ich habe Vorschläge gemacht ...", 169/16 - 20) gibt er seine angeblich verzweifelten Bemühungen, einen Krieg zu vermeiden, zum besten. Da Deutschland jedoch von Feinden und Kriegshetzern (z.B. Churchill) umgeben sei, die dem völkischen Glück des bloßen Wiederaufstiegs aufgrund niederer Motive verhindern wollen, ist es geboten, sich dagegen mit einem "unbändigen Fanatismus" (169/27) zu wehren. Die dazu notwendige militärische, ökonomische und psychologische Energie und Substanz muß durch die "Volksgemeinschaft" und das den wahren "Volkswillen" repräsentierende Führerprinzip gewährleistet werden. Diese Grundgedanken entwickelt die Rede in strenger, mit den Begriffen der klassischen Rhetorik zu beschreibender Gliederung.

Im exordium (auch prooemium = Einleitung, 149/1 - 30) versucht Hitler, getreu der antiken Forderung, die Herzen der Zuhörer bereits zu Beginn der Rede für sich einzunehmen, eine günstige psychische Disposition des Auditoriums zu erreichen. Für Arbeiter, Angestellte oder Intellektuelle gibt es bestimmte Topoi, die im Alltagsbewußtsein einen erheblichen Teil der jeweiligen Identitätsbildung, im Sinne der Klassen- oder Schichtenzugehörigkeit, ausmachen. Für einen Arbeiter gilt der topos des mehr oder weniger schweigsam zupackenden Mannes, der, wenn es darauf ankommt, redlich handelt und nicht erst lange redet. Hier knüpft Hitler an, wenn er am Anfang der Rede behauptet, daß es eigentlich richtiger sei zu handeln, als zu reden. (149/1 - 3) Er bietet damit eine Möglichkeit zur Identifikation, die er im Hauptteil seiner Rede wiederholt aufnimmt und verstärkt, wenn er behauptet, er sei einer von ihnen. (z.B. 156/36 - 40) Im übrigen ein Vorgehen, daß Hitler je nach der gruppenspezifischen Zusammensetzung des Auditoriums immer wieder anwendet.

Bereits im exordium bereitet Hitler die Hauptaussage vor, um die er im folgenden ständig kreist. Er führt die Formulierung des "Kampfes zweier Welten" ein (149/6) und belegt seine These mit künstlichen Beweisen in Form von Zusammenhängen und Zahlenbeispielen pseudowissenschaftlicher Natur. Der von ihm behauptete Kampf ergibt sich nach seiner Konstruktion zwangsläufig aus der ungerechten Verteilung der "Lebensgrundlagen" der beteiligten Völker. (85 Millionen Deutschen stehen lediglich 600.000 Quadratkilometer zur Verfügung, 46 Millionen Engländern dagegen 40 Millionen Quadratkilometer. 149/25 - 30) Diese völlig aberwitzigen und willkürlichen Angaben, die zudem mit einer nicht näher definierten "Lebensgrundlage" in eine jede intellektuelle Logik entbehrende Beziehung gesetzt werden, erzeugen zunächst jedoch eine affektive Wirkung, auf die es Hitler abgesehen hat.[208]

Zu einigen der folgenden Punkte der dispositio (Anordnung des Stoffes) wird mit einer überleitenden partitio (überleitendes Zwischenstück) hingeführt, so auch zur narratio (Fallschilderung). Die einleitenden Sätze zu ihr mögen das belegen. (149/31 und 150/1 - 2) Die narratio selbst (149/31 152/7) gibt die aus der Sicht der Nationalsozialisten verbindliche Erklärung für die im exordium beschriebenen Mißverhältnisse: sie seien das Ergebnis einer jahrhundertelangen Ohnmacht, die darin begründet ist, daß "Fürsten und Fürstelchen, Könige und

---

208.) Hitler knüpft mit seiner Argumentation an den Topos des "Volkes ohne Raum" an. Er bedient sich dabei geradezu klassisch des Enthymems (rhetorisches Schlußverfahren).
"Da es aber nun offenkundig ist, daß die in der Theorie begründete Anleitung auf die überzeugungsmittel zielt, die überzeugung aber eine Art Beweis ist - denn wir glauben ja am meisten, wo wir annehmen, daß etwas bewiesen sei - und da der rhetorische Beweis das Enthymem ist, so ist dieses, um es kurz zu sagen, das bedeutendste unter den überzeugungsmitteln.
(Aristoteles, Rhetorik, I, 1, 11)

geistliche Würdenträger" (150/9 - 19) die Zerrissenheit des deutschen Volkes betreiben. Später haben die entstehenden Parteien mit ihren Klassen- und Weltanschauungen die einst "dynastische Zersetzung (des) Volkskörpers" (150/12) in einen inneren Kampf verwandelt und fortgeführt. In dieser Zeit der Schwäche hat die "andere Welt" sich die großen, fruchtbaren Gebiete der Erde mit rücksichtsloser Gewalt angeeignet. Die Argumentation fordert in ihrer "Logik" folgende Hauptaussage der narratio: "So sehen wir, daß die erste Voraussetzung für die gegebenen Spannungen darin liegt, daß diese Welt ungerecht verteilt ist." (151/7 -8) Die narratio endet mit der Formulierung des Anspruchs auf eine neue Verteilung der Welt, weil das Recht zum Leben eines Volkes grundsätzlicher Art sei und nicht an Almosengaben "der Reichen" geknüpft werden darf. (152/5 -7)

Folgerichtig kann die zum Hauptteil überleitende propositio (152/8 - 15) den angeblich ältesten und heiligsten Rechtsanspruch, den die Völker auf den lebensspendenden Boden haben, legitimieren und das selbst dann noch, wenn es "blutige Opfer" fordert. (152/14) Dies sei immer noch besser "als ein allmähliches Aussterben eines Volkes". (152/15) Insofern gibt die propositio das Motto, unter dem die einzelnen Argumentationen des Hauptteils stehen, an und bereitet die zentrale Aussage der Rede vor.

Der Gedanke an die bevorstehende entscheidende Schlacht zwischen "den beiden Welten" wird im Hauptteil in fünf Schritten entwickelt. Im ersten Schritt (152/16 - 155/21) fordert und begründet Hitler die dafür notwendige "nationale Einigung des Volkes". (152/19) Die zentrale Aussage lautet: "Ihr habt ja bloß das, was ihr außen um euch aufgebaut habt, als Trennendes, im Inneren, da seid ihr ja alle die gleichen". (154/20 - 22) Am Ende steht der rhetorisch-psychologisch verwertbare Aufruf, daß "die Gesamtheit sich (...) auflöst" und der Zusammenbruch kommt, wenn der einzelne vergißt, daß "sein Ich nur ein Teil zu einer Gesamtheit ist...". (155/17 - 21) Der zweite Abschnitt des Hauptteils (155/22 - 162/24) wird mit einer partitio eingeleitet, die mit einer metaphorischen Wendung die Schwierigkeiten dieser "riesenhaften Arbeit" (155/33 - 36) bewußt volkstümlich bzw. umgangssprachlich verdeutlicht und banalisiert die dabei begangenen Terrorakte und Morde, vor allem an den Teilen der Arbeiterbewegung. Im Vordergrund steht zunächst die Außenpolitik, insbesondere der "Kampf gegen Versailles". (156/6 - 7) Daran schließt sich Hitlers Auseinandersetzung mit der "sogenannten Demokratie" Englands und Frankreichs an. Er beklagt u.a., daß dort aus Rüstungsgewinnen Dividenden von 76 - 160% an wenige Kapitalisten ausgezahlt werden. Er nimmt dies zum Anlaß, die Überlegenheit des nationalsozialistischen Führerstaates, wiederum anhand eines künstlichen Beweises, zu erläutern. Er behauptet, daß in Deutschland lediglich 6% Dividende möglich seien und daß "von diesen 6 v.H. wir auch wieder die Hälfte weg(nehmen), und von dem Rest müssen wir den Nachweis wissen, daß das wieder im Interesse der Volksgemeinschaft angelegt wird. (161/2 - 6) Das Ende des Absatzes führt wieder auf den zentralen "Kampf der zwei Welten" zurück. (162/17 - 24) Hitler wählt die Form der Allegorie und läßt England aus seinem Mund sprechen: "... mit der Welt können wir uns nie aussöhnen". (162/19 - 20) Er antwortet dem imaginären England durch die rhetorische Frage: "Wie kann sich auch so ein Kapitalist mit meinen Grundsätzen versöhnen?" (162/20 - 21)

Im dritten Schritt des Hauptteils (162/25 - 164/9) wird die Unversöhnlichkeit zwischen der nationalsozialistischen "Volksgemeinschaft" und den angeblich Gold raffenden Gegnern an den differierenden "Wirtschaftsauffassungen" (162/39) "bewiesen". Hitler simplifiziert und verfälscht zunächst den Mechanismus kapitalistischer Wirtschaftssysteme, der den Zusammenhang zwischen Goldreserven und Währungen ausmacht. Daran schließt er die Behauptung an, daß für den Nationalsozialismus Gold "ein Faktor zur Unterdrückung (..) und Beherrschung der Völker" (162/49 und 163/1 - 2) darstellt, unter der Deutschland aufgrund der angeblich erlittenen Ausplünderung durch andere ebenfalls leidet. Im Gegensatz dazu glorifiziert er seinen Begriff von Arbeit und Arbeitskraft und ruft aus: "Ich habe meine ganze Wirtschaft nur aufgebaut auf den Begriff Arbeit". (163/23 - 24)

Da der gesamte Abschnitt in seinen einzelnen Aussagen weder sachlich richtig noch die konstruierten Zusammenhänge irgendwie logisch begründbar sind, kann hier ebenfalls nur unterstellt werden, daß Hitler es allein auf angestaute Affekte abgesehen hat. In diesem Sinne ist die den Abschnitt abschließende Frage (Wo ist eine Arbeitskraft?, 164/9) zu verstehen. Er "beweist" die Richtigkeit der nationalsozialistischen Wirtschaftspolitik daran, daß es Ende 1940, im Gegensatz zum Ende der Weimarer Republik, in Deutschland einen Arbeitskräftemangel gibt.

Die zum vierten Abschnitt des Hauptteils überleitende partitio (164/10 - 164/31) macht die Verschleierung der tatsächlichen ökonomischen Zusammenhänge und Verhältnisse im tautologischen Gehalt des Satzes "Nur Arbeit schafft neue Arbeit" (164/10 - 11) offensichtlich. Sie leitet über zu den Aussagen, die die hohe, kriegsbedingte Mobilisierung der Arbeiter-innen und die ebenfalls auf Kriegseinflüsse zurückzuführenden Einschränkungen im Alltag, zu weiteren Indikatoren der Weitsichtigkeit und Überlegenheit des "Führers", bzw. des nationalsozialistischen Staates, transformieren sollen.

Der vierte Schritt im Hauptteil der Rede (164/32 - 166/20) hat die Funktion, die bereits seit langer Zeit gezielt betriebenen Kriegsvorbereitungen in Bezug auf die Lebensmittelrationierungen, als existenzsichernde Maßnahme zum Schutz sozial Schwächerer auszugeben. Zum anderen werden diese kriegsmäßig bedingten Einschränkungen in ihrer geglückten Durchführung als "Beweis" einer besseren wirtschaftlichen und politischen Orientierung der nationalsozialistischen Volksgemeinschaft, im Gegensatz zu den westlichen Demokratien, stilisiert.
Die Darstellung gipfelt in der Behauptung: "Das Volk bestimmt in diesem Staat die Richtlinien seiner Führung." (165/36 - 37) Das Volk und Führung sich vollkommen miteinander im Einklang befinden und soziale Benachteiligungen aufgehoben sind, begründet Hitler folgendermaßen: "Ich bin ja selber das letzte Dokument dessen. Ich bin nicht einmal Jurist - bedenken Sie, was das heißt!" -, bin trotzdem Ihr Führer." (166/6 - 8) Der vierte Abschnitt des Hauptteils endet mit der Feststellung: "Wir haben hier alle Hemmungen gesellschaftlicher Art überwunden." (166/19 - 20)
Im fünften, umfangreichsten und die Kernaussagen der Rede

beinhaltenden Schritt des Hauptteils (166/21 - 177/5) beschwört Hitler zunächst die Zukunft, die es unter diesen günstigen Voraussetzungen weiter auszubauen und zu verteidigen gilt. "Es ist etwas Herrliches, für so ein Ideal kämpfen zu können." (166/35 - 36) Doch diesen glückselig machenden nationalsozialistischen Idealen steht "eine andere Welt" gegenüber, die Hitler wiederum allegorisch durch seinen Mund sprechen läßt: "Wenn wir verlieren, dann bricht unser weltkapitalistisches Gebäude zusammen, dann ...wir haben das Gold gehortet, das liegt jetzt in unseren Kellern." (167/21 - 23) Zwei so verschiedene Welten können in dieser Logik natürlich nicht nebeneinander existieren; der Entscheidungskampf naht unaufhaltsam. (168/5 - 9) Da Hitler, die "verfolgte Unschuld", dies selbstverständlich seit Jahren vorausgesehen hat, bleibt ihm nichts anderes übrig, als schweren Herzens aufzurüsten. (168/34 - 35) Den Krieg hat er nie gewollt, sogar bis zur Selbstdemütigung verhandelt. Da der Gegner uneinsichtig bleibt, kommt es schließlich trotzdem dazu. Hitler kann seine Zuhörer aber beruhigen. Der von nationalsozialistischen Idealen durchdrungene Soldat ist unbesiegbar. "Wo der deutsche Soldat seht, kommt kein anderer hin!" (172/12 - 13) Voraussetzung dafür ist allerdings, daß die Rüstungsarbeiter sich ihrer Verantwortung bewußt sind. Das gemeinschaftsbildende Wissen um sie versucht Hitler zu suggerieren, indem er ausruft: "Ihr habt ihnen die Waffen gegeben, durch die sie so siegen konnten, Waffen, die sie heute so zuversichtlich sein lassen, daß jeder Soldat weiß: Wir sind nicht nur die besten Soldaten der Welt, sondern wir haben auch die besten Waffen der Welt, in der Zukunft erst recht." (173/23 - 27) Den Abschluß des Hauptteils und zugleich den Übergang zur peroratio (Schlußteil) bildet ein Katalog von Anrufungen der verschiedenen Gruppen der "Volksgenossen". Zunächst beteuert Hitler, daß er selbst für das Leben des deutschen Volkes sein Leben und seine Gesundheit weiterhin rücksichtslos einsetzen wird, genau wie die "deutsche Wehrmacht", der "deutsche Arbeiter", der "deutsche Bauer" und nicht zuletzt die "deutsche Frau". (176/14 - 35)

Die peroratio (177/6 - 178/36) faßt noch einmal die Grundgedanken zusammen. Sie läuft aus in einer Anrufung des Volkes und Verbalisierung von Zukunftshoffnungen, die durch Frieden, Arbeit, Wohlfahrt und Kultur geprägt sind.

Mit der dispositio habe ich eine summarische Darstellung der politischen Absichten und Ziele des Redners und seines ideologischen Programms gegeben. Zu fragen bleibt, welche Phantasien und unbewußten Wünsche beim Publikum erregt und angeregt werden sollen oder beim Redner selbst erkennbar werden. Welche rhetorischen Mittel wendet er an, um seine Ziele zu erreichen? Anhand einiger in meiner Arbeit zusammengetragener Ansätze will ich versuchen, exemplarisch Antworten zu geben.

Die von Theweleit angewendete Methode, die Literatur der soldatischen Männer als Phänomenologie der unbewußten männlichen Ängste und Wünsche zu lesen, ist ebenfalls auf den Text der Rede Hitlers anwendbar. Der Redeakt ist ein Ritual, in dem die hinter den verbalisierten Äußerungen stehenden verborgenen Phantasien des Redners sichtbar werden. Hitlers Abwehr der (Flut der) Demokratie, seine Ängste vor (den ungeordneten Massen) der "anderen Welt", gegen die es innere und äußere Dämme zu errichten gilt, die letztlich sogar vernichtet werden muß, ist in diesem Sinne nicht primär die Angst vor einem politischen oder militärischen Gegner. Hinter Vokabeln mit einem vordergründigen politischen Inhalt verbergen sich psychische Deformationen und verstümmelte erotische Phantasien eines sich auf der Suche nach Ich-Stärke befindlichen Mannes, dem etwas fehlt. Folgende Passage der Rede mag meine Vermutung belegen: "Nun bin ich in Zeit meines Lebens der Vertreter der Habenichtse gewesen. (...) Für sie bin ich eingetreten und ich trete der Welt gegenüber wieder auf als der Vertreter der Habenichtse (...). Auf keinen Fall kann ich diesen Rechtsanspruch aber anerkennen auf das, was uns sowieso gehört hat, was man uns weggenommen hat." (156/36 - 157/7) Ich verstehe die Aussage so, daß, ganz wie es Theweleit in seiner Analyse der soldatischen Männer herausfiltert, hier der unbewußte Wunsch nach Ganzheit, Stärke und Sicherheit zum Ausdruck kommt. Das ist der Zustand, den diese Männer nur als Kinder in der Symbiose mit der Mutter erlebt haben. Das abhandengekommene lustvolle Gefühl bei der Befriedigung libidinöser Bedürfnisse, das Ausgeglichenheit und Geschlossenheit bedeutet, will

auch Hitler wiederhaben. Erleichternd ist für ihn, daß er
bereits den Weg zur Heilung von solchen unlustvollen symbiotischen Zuständen kennt. Er ist begründet im Ganzheitsmythos der
nationalsozialistischen "Volksgemeinschaft" und in der militärischen Formation der "wie ein Mann stehenden Männergemeinde".
An ihrer Zukunft und somit am eigenen Heil soll nun gebaut
werden: "Das ist unser Ideal, für das wir nun arbeiten und für
das wir mit dem ganzen Fanatismus arbeiten und mit unserer
ganzen - ich darf sagen - Glückseligkeit arbeiten, unsere
größte Freude auf dieser Welt, die uns gegeben werden konnte".
(167/2 - 6) Hitler fordert die Zuhörer auf, ihm auf diesem Weg
zu folgen: "Wir alle haben große Pläne, (...) die alle auf ein
Ziel hinausgehen: den deutschen Volksstaat nun erst recht
auszugestalten ..."(177/24 - 25)
Die Voraussetzung dafür, das verlorene, nicht mehr vorhandene
(Gefühl) wiederzuerlangen lautet: "Wir müssen zusammenstehen".
(176/17 - 177/5) Hitler tritt im Ritual des Redeaktes vor
allem mit dem Habitus des großen Zusammenfügers in Aktion und
signalisiert dem Auditorium durch die (unbewußte) Schilderung
seiner Leiden, daß er ihre kennt und einer von ihnen ist.
Durch die Aktivierung beiderseitig vorhandener Unbewußtheiten
kann eine affektive psychologische Erregung des Publikums
erreicht werden, die sich in der symbolischen Vereinigung,
durch die Berührung mit dem abstrakten Phallus der Höhen unter
Ausschaltung des Bewußtseins, entladen kann. Es ist ohne weiteres möglich, im Fortgang der gesamten Rede eine in diesem
Sinne strukturierte Ebene zu belegen:

	1. (exordium)	2. _____	3. propositio
Ebene der Un- bewußt- heit	Dem Mann fehlt etwas, er ist nicht ganz, ihm wird etwas weg- genommen.	Streben nach Ganzheit und Heilung.	Hauptteil Hitler weiß, was dem entgegensteht.
reale Verba- lisier- ung	Das deutsche Volk ist "zu kurz gekommen bei dieser Weltverteilung ..." (150/22 - 25)	"Diese Welt ist ungerecht ver- teilt". (151/8) "Es handelt sich (...) darum, daß Völker, die bei dieser Weltver- teilung zu kurz gekommen sind, (...) ihr Recht erhalten". (152/1 - 5)	- "die Zerissenheit unseres Volskör- pers". (153/23) - die "andere Welt", die dem deutschen Volk die Lebens- grundlagen streitig macht. (Anhang, meh- rere Stellen)

	4. (Hauptteil)	5. (Hauptteil)	6. (peroratio)
Ebene der Un- bewußt- heit	Hitler kennt den Weg zum Heil.	Wir müssen zu- sammenstehen.	In Zukunft sind wir (bin ich) wieder "ganz".
reale Verba- lisier- ung	- die Vereinigung in der "Volksge- meinschaft" ist, "das kann ich ihnen sagen, meine Volks- genossen unsere gan- ze Lebensfreude". (166/34 - 35) - die "andere Welt" muß vernichtet wer- (168/5 - 10)	- "Wo der deutsche Soldat steht, kommt kein anderer hin". (172/26 - 27) - "Aber genauso steht geschlossen heute das deutsche Volk". (176/26 - 27)	"Und einmal kommt dann wieder die Zeit, in der wir gemeinsam (...) dieses große Reich des Friedens, der Arbeit, der Wohl- fahrt, der Kultur, (...) aufrichten werden". (178/32 - 36)

Mein Blickwinkel ist ein etwas anderer als der von Theweleit.
Er richtet den Blick vom Auditorium aus auf den "Führer" und
fragt nach der Gelenkstelle zwischen den unbewußten Wünschen
und Phantasien von Redner und Publikum.
Mir kann es lediglich gelingen, den hinter den Formulierungen
des Redners befindlichen Regungen auf die Spur zu kommen. Ob
die psychische Erregung des Auditoriums, so wie sie Theweleit
beschreibt, in der konkreten Situation bei den Arbeitern aus

der Rüstungsindustrie erreicht wird, kann nur spekulativ diskutiert werden. Die Frage nach der tatsächlichen Wirkung der Rede ist in diesem Zusammenhang auch nicht mein Interesse, sondern vielmehr sind es die vorhandenen, unbewußten psychischen Potentiale, die möglicherweise durch den Akt der Rede befreit und aktiviert werden. Der einzelne Zuhörer wird durch die Rede, in der der Redner etwas in ihn einführt, mit den anderen zum Volk der Kameraden zusammengeführt. Dem marxistischen Klassengedanken wird der nationalistische "Volkssozialismus" entgegengestellt. Die so als naturbedingt bestimmte, organische Gemeinschaft soll zusammengefügt für das Volk und die Nation produzieren und kämpfen. Bleibt das Auditorium darüber zerstritten, kann die ersehnte Einheit nicht erreicht werden. Um das zu umgehen, strebt Hitler in seiner Rede vor Arbeitern, gestützt auf den Topos des Kampfes der "zwei Welten", die angeblich vorübergehende, radikale Entwertung der materiellen Sphäre des Lebens an. Die Eingliederung von "sieben Millionen Erwerbslosen" und die Verwandlung der "sechs Millionen von Halbarbeitern zu Ganzarbeitern" ist nur dadurch zu erreichen, daß die Welt, "die wir aufbauen, eine Welt der gemeinsamen Arbeit, eine Welt der gemeinsamen Anstrebungen, aber auch eine Welt gemeinsamer Sorgen, gemeinsamer Pflichten (ist)". (164/18 - 31) Den materiellen Bedürfnissen des Lebens sind die des Opfers und Gehorchens übergeordnet, die in der Heroisierung des Kampfes für Deutschland und des selbstlosen Fleißes der Rüstungsarbeiter verklärt werden. (172/31 - 173/27) Das es soweit kommen muß und die nun kriegsbedingten Einschränkungen ganz besondere Belastungen mit sich bringen, liegt vor allem daran, daß in einer Zeit, in der das "tüchtigste Volk Westeuropas seine Kraft ausschließlich im Innern verbraucht und derart geschwächt hilflos mitansehen muß, wie sich England mit Gewalt "dieses riesenhafte Imperium zusammenzimmert." (150/16 - 21) Die sich daraus für Hitler ergebende mangelnde Lebensfähigkeit des deutschen Volkes muß nun (zurück-)erorbert werden. Diese Argumentation erinnert an die Burke'sche Formel, daß Hitler nichtökonomische Erklärungen für ökonomische Mißstände liefert und somit die wirklichen gesellschaftlichen Verhältnisse verschleiert. Denn wer will ernsthaft bestreiten, daß für das materielle Elend und die

durch Kriegshandlungen grundsätzliche Bedrohung des Lebens die
kapitalistische Krisenhaftigkeit und der sich daraus
entwickelnde kriegerische Imperialismus Deutschlands verant-
wortlich ist. Die Behauptung des lähmenden Kräfteverschleißes
des Volkes "im Innern", der zudem völlig unnötig ist, weil
nach Hitlers Auffassung "alle die gleichen" sind, (54/20 - 22)
führt zu wütenden Negationen der Klassengesellschaft zugunsten
der blutmäßig bestimmten "Volksgemeinschaft". Die damit beab-
sichtigte Legitimation der faschistischen Herrschaft, die sich
im eigenen Verständnis durch ihre Herausbildung konstituiert,
kennzeichnet die rhetorische Technik der Anknüpfung an Denkbilder (Topoi), sowie die Kontrolle ihrer Wirkung auf die
Bevölkerung. Hitler zielt in seiner Rede auf die Wirkung des
Assoziationsmechanismus durch den Gebrauch sprachlicher Zei-
chen, die zu aggregierten Symbolen ausgebaut werden, ab. Dabei
wird die Grundbedeutung der ein Wort oder ein Wortfeld begleitenden assoziativen Vorstellungen verändert und ständig in
einen stark wertenden Kontext gestellt. In der vorliegenden
Rede wird z.B. der Gedanke an die Klassengesellschaft durch-
gängig mit den Vorstellungen von Schwäche, Wehr- und Hilf-
losigkeit in Verbindung gebracht. (150/5 - 40 und mehrere
weitere Stellen) Die darin begründete "Zerrissenheit unseres
Volkskörpers" (153/23) bekommt eine stark negative Konnotation.
Die Herstellung der "Volksgemeinschaft" wird hingegen mit
Errettung, Stärke und Zukunft identifiziert. (154/34 - 39)
Hitler will, daß bei der bloßen Erwähnung eines solchen Wortes
oder Wortfeldes innere Haltungen aktiviert werden, die im Sinn
des Nationalsozialismus wirksam sind. Häufig verwendete Topoi
im Sinnbereich der gesellschaftlichen Orientierung entwickeln
sich, wenn das allgemeine Klima für ihre Aufnahme und
Interiorisation günstig ist, zu Bausteinen des Weltbildes und
den daraus spontan entspringenden psychischen Aktions- und
Reaktionsverhalten. Um solche affektiven, von Hitler während
des Redeaktes glaubhaft gemachten Verhaltensmuster zu provozieren, ist es zunächst nötig, die beabsichtigten Denkbilder
ständig auch durch andere propagandistische Mittel als die
öffentliche Rede, wie Film, Wochenschau, Presse usw., anzurei-
chern. Von entscheidender Bedeutung ist dabei immer die
Anknüpfung an die im Auditorium vorhandene affektive Disposi-

tion. Den deutschen Faschisten wird während der wilhelminischen Zeit in diesem Sinne bestens zugearbeitet. So ist z.B.
der Topos des "Volkes ohne Raum", den Hitler mit dem "Volksge-
meinschaftsgedanken" eng verbindet, (Vergl. 152/17 - 22)
lediglich eine Fortschreibung vieler in jener Epoche geprägten
nationalistischen Wendungen.

Die Bedeutsamkeit der rhetorischen Affektenlehre für die
öffentliche Rede von Faschisten wird durch Hitlers Auftritt
nachdrücklich bestätigt. Auffällig ist, daß er bestimmte
Gedanken in variierenden Sätzen und abgewandelten Formulierungen und Zusammenhängen immer wieder aufgreift. Ich will dies
im folgenden am Beispiel seiner an den Topos des "Volkes ohne
Raum" geknüpften Behauptungen nachweisen. Bereits im exordium
entwickelt Hitler folgende Argumentation: "46 Millionen
Engländer beherrschen und regieren einen Gesamtkomplex von
rund 40 Millionen Quadratkilometern dieser Welt. (...) 85
Millionen Deutsche haben als Lebensgrundlage kaum 600.000
Quadratkilometer...".(149/15 - 30) Nachdem somit die zentrale
Aussage der narratio vorbereitet ist ("So sehen wir, daß die
erste Voraussetzung für die gegebenen Spannungen darin liegt,
daß diese Welt ungerecht verteilt ist". 151/7 - 8), bemüht er
die göttliche Instanz der Vorsehung, im Sinne des allzeit
gerechten übervaters, als scheinbar unabhängige und zur quasi
richterlichen Entscheidung berufene Institution, um den formulierten Gedanken wieder aufzunehmen. Hitler sagt: "Die Vorsehung hat die Menschen nicht auf die Welt gesetzt, damit der
eine das Vierzigfache für sich beansprucht oder gar das
Achtzigfache, was dem andern zu teil wird". (151/16 - 18) Eine
so grundierte Logik der Vernunft kann in der Tat nur abgelehnt
werden.
Im ersten Abschnitt des Hauptteils wird die erstmalige Propagierung des "Volksgemeinschaftsgedankens" wiederum mit der
bekannten Idee in Verbindung gebracht. "Denn wie sollen 140
Menschen auf dem Quadratkilometer überhaupt existieren...".
(153/35 - 36) Der zweite Schritt seines Hauptteils legitimiert
dann die nach außen gewendete Aggression, bzw. komplettiert
den Topos des "Kampfes der zwei Welten", und auch hier taucht
in ursprünglicher Fassung der von mir verfolgte Gedanke auf.

Nur, daß in allegorischer Weise "wir Engländer" nun sogar selbst die Argumentation von Hitler stützen. "Wir, wir Engländer, wir sind die Besitzenden. Wir haben nun einmal 40 Millionen Quadratkilometer. (...) Und wer hat, der hat und gibt nie etwas davon ab". (156/29 - 35) Nachdem "die Engländer" aufgrund ihrer scheinbar eigenen Aussagen sich selbst als Unterdrücker entlarvt haben, wird der bewußte Gedanke zuguterletzt benutzt, um als Hilfsargument die Verwerflichkeit der englischen Demokratie zu belegen. Laut Hitler herrscht dort nämlich große Not, weil "dieses reiche England (obwohl) 40 Millionen Quadratkilometer von ihm kontrolliert (werden)" (158/22 - 35), eines der Länder mit dem krassesten Klassenunterschied sei.

Da das in Deutschland seiner Meinung nach völlig anders ist, bei nur 600 000 Quadratkilometern, führt dies über den Topos des "Volkes ohne Raum" zur Behauptung der Überlegenheit des nationalsozialistischen Führerstaates und dem Wesen der "Volksgemeinschaft".

Da die "andere Welt" nun fürchten muß, daß sie sich aufgrund dieser "Tatsachen" nicht länger halten kann und die Privilegien der sie beherrschenden Klasse in Gefahr geraten, wird durch solche "Kriegshetzer" die Auseinandersetzung forciert.

Mein Beispiel kann deutlich machen, daß die faschistische Rede die Teilnehmer am Ritual nicht nur zu Empfängern eines bestimmten Sinns macht. Die Forderung der rhetorischen Psychologie, dem Auditorium Lust zu verschaffen, wird dadurch gewährleistet, daß der Redner (Hitler) denselben Satz, den die Anwesenden schon kennen (und bejahen), oftmals variiert. Dem Publikum wird glaubhaft gemacht, daß die Produktion des Redners eigentlich die eigene ist. Die so organisierte Erfahrung einer Lust erregt und kanalisiert Gefühlsströme, die den einzelnen sich selbst nicht nur als Rezipierenden, sondern als vermeintlich selbst motiviert agierendes Individuum erscheinen lassen.

Aber auch andere Möglichkeiten an affektiven Dispositionen des Auditoriums anzuknüpfen, sind den faschistischen Rednern bekannt. Die von Hitler angewendete pseudoklassenkämpferische Rhetorik zum Zwecke der Herrschaftslegitimation ist ein Versuch, vor Arbeitern den sozialen Inhalt der faschistischen Auffassung von Gerechtigkeit soziale Momente zu verleihen.

(160/38 - 161/11) und mehrere andere Stellen) Der anklingende
Trotz gegenüber den eigentlichen Nutznießern der nationalsozialistischen Politik bleibt rhetorisch, gleichzeitig wird
ihnen zu verstehen gegeben, daß ihr Status nicht angetastet
wird. (Vergl. 165/5 - 13) Die scharfen Formulierungen sollen
die das Auditorium bildenden Arbeiter von seinem Radikalismus
in der Durchsetzung ihrer Interessen überzeugen. Dabei kann
die "Logik", die der Behandlung der sozialen Probleme durch
den Hinweis auf die Notwendigkeiten des Krieges widerfährt,
auf Gehör stoßen und die Unterstützung der faschistischen
Politik als vernünftig erscheinen lassen, solange nicht erkannt wird, daß eben der Krieg das Resultat einer zutiefst
unsozialen reaktionären gesellschaftlichen Entwicklung ist.
(Vergl. 163/40 -164/27) Die Aussichten der Arbeiter, den
abverlangten Opfern durch Streiks oder andere Kampfmaßnahmen
zu entgehen, sind zudem nach der Zerschlagung ihrer Organisationen hoffnungslos. Entschädigungen sozialer oder psychischer
Natur in Form gesellschaftlichen Prestiges durch einen Aufstieg in der Hierarchie von Partei und faschistischen Verbän-
den sind sehr begrenzt. Als psychologisches Mittel bleibt den
meisten die "Emigration nach innen". Hitler versucht in seiner
Rede durch die Propagierung einer "Volksgemeinschaft der Gleichen", die in Wirklichkeit im emphatischen Preisen einer allgemeinen Erniedrigung geradezu einen Masochismus der Gleich-
heit darstellt, den affektiven Reiz zu erregen, der einen für
viele unerträglichen Zustand in eine aggressive Wendung gegen
die verwandelt, die diesen Verzicht angeblich nicht leisten
müssen. (Vergl. 164/28 - 165/31) Damit versucht er, den Arbeitern seine aggressive nationalistische Weltanschauung glaubhaft zu machen, denn der vermeintliche Gegner ist gegen Ende
1940 England, das in der faschistischen Konzeption das nächste
zu erobernde Land sein soll.
Die Rede Hitlers ist durch einen zentralen Widerspruch
zwischen der Rationalität ihrer äußeren Fügung und der nicht
nachvollziehbaren intellektuellen Logik gekennzeichnet. Die
allgemeine Haltung ist die des kompromißlos Rechthabenden. Die
der Rede zugrunde liegende Beweisführung erfolgt ausschließlich durch künstliche Beweise. Hitler verleiht seiner
Rede damit einen pseudoaufklärerischen Zug. Immer wird ein

Tatbestand auf verbaler Ebene konstruiert, dann erfolgt die Frage nach den Ursachen, bevor eine Aufzählung der Folgen die Antworten seines rednerischen überzeugungsprozesses, in der typischen Art und Weise, provoziert. Hitler tritt in der Rede als Autorität auf, die dem Auditorium signalisiert, daß wirkliches Beweisen gar nicht seine Absicht ist. Es geht allein um die Formierung zu einer einheitlichen Masse.

3. Zusammenfassung und Ausblick

Die Funktion der Rede im Faschismus ist durch das Zusammenwirken mehrerer Elemente gekennzeichnet. Das grundsätzlichste ist das der Organisation der Erfahrung einer Lust. Der faschistische Redner reduziert seine Hörer während des Redeaktes nicht zu bloßen Rezipienten. Von der Gestalt der Rede berührt werden sie zu Agierenden, die sich als selbst motiviert Handelnde begreifen. Die hinter den vom Redner verbalisierten Äußerungen stehenden Wünsche und Phantasien erregen im Auditorium psychische Potentiale, die ihre Befreiung in der hierarchischen Symbiose von "Führer" und "Volk", in der Darstellung der ersehnten Einheit und Ganzheit, erfahren. Der Redner tritt als der große Zusammenfüger in Aktion; die Rede dient der Produktion sich formierender Massen, die zu unterschiedlichen Anlässen zusammenkommen. Das faschistische Ritual des Redeaktes darf nicht durch das Wissen um die tatsächlich wirksame Zersplitterung der Gesellschaft gestört werden. Die Negation der Klassengesellschaft zugunsten der naturbedingt und organisch produzierenden "Volksgemeinschaft" macht die radikale Entwertung der materiellen Sphäre des Daseins notwendig. Die öffentliche Rede dient insofern der Verschleierung der realen gesellschaftlichen Verhältnisse. Die Schaffung von Ganzheitsmythen soll über die für viele im Alltag empfindlich spürbaren ökonomischen Mißstände hinweghelfen. Die innere Gebrochenheit des "Volksgemeinschaftsgedankens" und die damit betriebene Einebnung der Verschiedenheiten dient unbeschadet dessen der Legitimation faschistischer Herrschaft. Der Faschismus ist eine Variante der bürgerlichen Gesellschaft; er steht in ihrer Kontinuität und ist ein Mittel, den Anspruch auf ewige Herrschaft abzusichern. In der öffentlichen Rede erfolgt die Legitimation faschistischer Herrschaft hauptsächlich auf zwei Ebenen, zum einen durch die Kontrolle von bestimmten Denkbildern und ihrer Wirkung bei der Bevölkerung, zum andern durch die Androhung von Gewalt gegenüber denen, die sich der Durchsetzung nationalsozialistischer Maßnahmen widersetzen.
Der Blickwinkel vieler Faschismusanalytiker, die die Rede als einen einseitigen Akt der Beeinflussung des Auditoriums durch den Redner verstehen, muß korrigiert werden. Theweleit hat die

relevante, bereits bei Bloch, Adorno und Horkheimer aufgeworfenen Frage, nochmals konkretisiert, indem er nachweist, an
welche faschistischen Dispositionen der nationalsozialistische
Redner bei seinem Publikum anknüpfen kann. Die durch die
Alltagserfahrungen während der Zeit der Weltwirtschaftskrise
und der Weimarer Republik angestauten Ängste und Wünsche haben
die faschistischen Redner aufgespürt und sich nutzbar gemacht.
Die alltäglichen Probleme des Lebens werden klein im Vergleich
zu den großen Zielen, die die öffentliche Rede ständig vor-
führt und auftürmt. Es scheint so, daß ganz banal vorausge-
setzt wird, daß wer vermeintlich "Großes" ständig als seine
Zielvorstellung formuliert, vermeintlich "Kleines" selbstverständlich problemlos regeln kann. Weite Kreise der Bevölkerung
haben den faschistischen Rednern jedenfalls geglaubt und den
Nationalsozialisten Vertrauen entgegengebracht.

Die faschistischen Redner haben sich zweifellos klassischer
rhetorischer Mittel bedient, um ihre Interessen durchzusetzen.
Die Einsatzmöglichkeiten von Rhetorik an das Vorhandensein
eines von ethischen Idealen geprägten Bewußtseins binden zu
wollen, ist der hilflose Versuch, unter dem Signum der
Geschichtslosigkeit, einen Wert an sich zu konstruieren, der
fern jeder gesellschaftlichen Realität angesiedelt werden muß.
Wenn es der bürgerlichen Gesellschaft darum geht, an die Macht
zu gelangen oder sie zu verteidigen, sind ihr alle Mittel
recht - die faschistischen und auch die rhetorischen - das
lehrt die Vergangenheit, aber auch die Gegenwart.
Die heutige bürgerliche Gesellschaft in der BRD kann ihre
Kontinuität zum Faschismus nicht leugnen. Dennoch ist die
Unterscheidung beider Dimensionen sinnvoll und wichtig. Die
Analyse der heutigen parlamentarisch-bürgerlichen Demokratie
und die des faschistischen Systems zeigt, daß beide zwar nicht
jederzeit exakt dieselbe Funktion zu erfüllen haben, wohl
aber, daß in Zeiten öknomisch-politischer Krisen diese
Funktion nahezu identisch werden kann. Die wesentlichen Unterschiede zwischen beiden Systemen bürgerlicher Herrschaft liegen in der phänomenologischen Dimension, nicht auf der Ebene

der Funktion.[209.] Die Funktion der parlamentarisch-bürgerlichen Demokratie des bundesrepublikanischen Zuschnitts in
ökonomischen Krisenzeiten sind denen im Faschismus vergleich-
bar. Die Disziplinierung der abhängig arbeitenden Massen, die
Monopolisierungstendenzen gegen den Mittelstand durchzusetzen,
die Stützung bzw. Ankurbelung der kapitalistischen Akkumu-
lationsmöglichkeiten durch Instrumente wie Steuererleichterun-
gen für das Kapital, die Absicherung von Konkurrenzbe-
schränkungen, die Sanierung bankrotter Konzerne, der Abbau von
Sozialleistungen, Lohnkontrollen und öffentliche Arbeitspro-
gramme sind Maßnahmen zur Sicherung der Kapitalverwertung, die
beide Systeme hauptsächlich organisieren. (Die aktuellen Vorgänge um die sogenannte "Flick-Spenden-Affäre" scheinen dabei
selbst noch die "Stamokap-Theorien" überflügeln zu wollen.)
Nicht zuletzt geschieht unter ihrer Regie die Aufrechterhaltung und Ausweitung imperialistischer Einfluß- und Absatzsphä-
ren durch ökonomische, politische und militärische Interven-
tionen. So kann es nicht verwundern, wenn die Funktion von
Politikerreden in der BRD denen des Faschismus gleichartig
sind. Dieselben Funktionen, die bei der öffentlchen Rede im
Faschismus wirksam sind, können z.B. aus der Rede von Bundes-
kanzler Kohl, anläßlich seiner Regierungserklärung vom 13.
Oktober 1982, entnommen werden. Die Negation der Klassengesellschaft und die somit erfolgende Verschleierung der wirklichen Verhältnisse, wird mit der Etikettierung der gesellschaftlichen Grundlagen als "Soziale Marktwirtschaft" betrieben. Die heute wirksam werdenden Ganzheitsmythen sind für mich
durch die Beschwörung der "Sozialpartnerschaft" repräsentiert.
Selbst eine abgeschwächte Form des "Volksgemeinschaftsgedankens" lebt weiter, wenn Kohl die Überwindung der Teilung des
"deutschen Nationalstaates" fordert, weil die "deutsche
Nation" ganz geblieben ist und angeblich fortbestehen will.
Hinzugefügt werden muß, daß solche Haltungen und politischen
Ziele von der Sozialdemokratie und der Gewerkschaftsbewegung
fast in ihrer Gesamtheit mitgetragen werden.

209.) Vergl. Manfred Clemenz, Ist der spätkapitalistische Staat faschistisch? in: Kursbuch 31, Berlin 1973,   S. 1 - 27

84

Die rhetorische Einebnung gesellschaftlicher Widersprüche wird
leider auch von sich selbst als fortschrittlich begreifende
Gruppierungen populär gemacht. So bemühen sich z.B. große
Teile der Friedenbewegung um Harmonisierungen, die ihren Ausgang in der Negation jeglicher zum psychischen Repertoire des
Menschen gehörenden Aggressionen finden und deren Endpunkt
schließlich durch blumenbekränzte Polizisten gekennzeichnet
ist. Wenn es richtig ist, daß die rhetorische Qualität, wie
Adorno es sagt, die Gesellschaft und die Kultur beseelt,[210.]
liegt die wichtigste Aufgabe darin,, daß ihre Anwendung sich
auf Ziele einer Konfliktvermeidungsstrategie nicht einlassen
darf. Sie muß Mittel sein, um die gesellschaftlichen Konflikte
herauszuarbeiten, sie zu benennen und ihre wirklichen Ursachen
aufzudecken.[211.] Sie muß die sich daraus ableitbaren Hand-
lungsorientierungen systematisieren und unterstützen. Die
planmäßig herbeigeführte systemkonforme und emotionslose
Atmosphäre unserer heutigen kulturellen und gesellschaftlichen Beziehungen kann nur durch ihre Bewußtmachung bekämpft
werden . Weiterhin kann das Wissen um die herrschaftsstabili-
sierende Wirkung der Rhetorik, der Versuch durch den Einsatz
rhetorischer Mittel ein bestimmtes einheitliches Weltbild und
die daran gebundenen affektiven Haltungen zu provozieren,
durchschaut und abgewehrt werden. Eine kritisch verstandene
Rhetorik kann den (Un-)Wert von staatlicher Autorität - vielleicht sogar Autorität allgemein - in Frage stellen. Der
Gebrauch von Sprache und der Einsatz rhetorischer Mittel ist
nie allein purer, wertfreier Kommunikationswert, sondern immer
Träger systemkonformer Handlungsabläufe oder aber Möglichkeit
zum inhalts- und interessenbestimmten kritischen Denken.
Rhetorik wird auch in Zukunft eines der Felder sein, auf dem
gesellschaftliche Auseinandersetzungen entschieden werden.

210.) Vergl. T. W. Adorno, Negative Dialektik, Franfurt 1982, S. 66

211.) Vergl. Joachim Dyck, Rhetorik in der Schule, Kronberg Taunus 1974,
S. 31

Literatur

1.) Adorno, Theodor W., Die Freudsche Theorie und die Struktur der faschistischen Propaganda, in: Psyche 24/1970

2.) ders., Die psychologische Technik in Martin Luther Thomas Rundfunkreden, in: ders., Studien zum autoritären Charakter, Frankfurt 1973

3.) ders., Negative Dialektik, Frankfurt 1982

4.) Altmann, Peter u.a., Der deutsche antifaschistische Widerstand 1933 - 1945, Frankfurt 1978

5.) Ammon, Ulrich, Zur Sprache des Faschismus, in: ders., Probleme der Soziolinguistik, Tübingen 1977

6.) Aristoteles, Rhetorik, München 1980

7.) Brachem, Rolf, Zur Sprache des Nationalsozialismus, in: ders., Einführung in die Analyse politischer Texte, München 1979

8.) Balint, Michael, Therapeutische Aspekte der Regression, Die Theorie der Grundstörung, Stuttgart 1970

9.) Benjamin, Walter, Theorien des deutschen Faschismus, in: ders., Werke Bd. 3, Frankfurt 1980

10.) ders., Das Kunstwerk im Zeitalter seiner technischen Reproduzierbarkeit, in: ders., Werke Bd. 2, Frankfurt 1980

11.) ders., Pariser Brief I, in: ders., Werke Bd. 9, Frankfurt 1980

12.) Berning, Cornelia, Die Sprache des Nationalsozialismus, in: Zeitschrift für deutsche Wortforschung, 1960, Dissertation Bonn 1958

13.) Bloch, Ernst, Vom Hasard zur Katastrophe, Frankfurt 1972

14.) ders., Erbschaft dieser Zeit, Frankfurt 1981

15.) Bohse, Jörg, Elemente vom Pseudoklassenkampf in Goebbels' Rede zum totalen Krieg, in: Joachim Goth, Karl Michael Balzer u.a., Rhetorik, Ästhetik, Ideologie, Stuttgart 1973

16.) Braunbuch, über Reichstagsbrand und Hitlerterror, Frankfurt 1978

17.) Bosch, Herbert, Ideologische Transformationsarbeit in Hitlers Rede zum 1. Mai 1933, in: Faschismus und Ideologie 1, Berlin 1980

18.) Broszat, Martin, Der Staat Hitlers, München 1981

19.) Brückner, Margit, Die Liebe der Frauen, über Weiblichkeit und Mißhandlung, Frankfurt 1983

20.) Brückner, Peter, Das Abseits als sicherer Ort, Berlin 1980

21.) Burke, Kenneth, Die Rhetorik in Hitlers 'Mein Kampf' und andere Essays zur Strategie der Überredung, Frankfurt 1967

22.) Cicero, De oratore, Stuttgart 1972

23.) Clemenz, Manfred, Ist der spätkapitalistische Staat faschistisch? in: Kursbuch 31, Berlin 1973

24.) Dankelmann, Otfried, Der faschistische 'Große Plan'. Zur Propagandatätigkeit des deutschen Imperialismus in Spanien während des zweiten Weltkrieges, in: Zeitschrift für Geschichtswissenschaft, 18. Jg. 1969, Heft 1/2

25.) Deleuze, Gilles, Guatteri, Felix, Antiödipus, Frankfurt 1974

26.) Dieckmann, Walter, Sprache in der Politik, Heidelberg 1975

27.) Deutschland-Berichte der Sozialdemokratischen Partei Deutschlands (Sopade) 1934 - 1940, Erster Jahrgang 1934, Frankfurt 1982

28.) Deutschland-Berichte der Sozialdemokratischen Partei Deutschlands (Sopade) 1934 - 1940, Siebter Jahrgang 1940, Frankfurt 1982

29.) Dockhorn, Klaus, Macht und Wirkung der Rhetorik, Berlin 1968

30.) Domarus, Max, Hitler - Reden und Proklamationen 1932 - 1945, 4 Bde., München 1965

31.) Dovifat, Emil, Rede und Redner, Leipzig 1937

32.) Dovifat, Emil, (Hg.), Handbuch der Publizistik, Berlin 1968

33.) Drach, Erich, Redner und Rede, Berlin 1932

34.) Dyck, Joachim, Rede bis in den Tod, Zur Rhetorik im Nationalsozialismus, Uni - Info der Universität Oldenburg 3/1983

35.) ders., (Hg.), Rhetorik in der Schule, Kronberg 1974

36.) Eichenbaum, Luise, Orbach, Susie, Feministische Psychotherapie, Auf der Suche nach einem neuen Selbstverständnis der Frau, München 1984

37.) Engels, Friedrich, Engels an Joseph Bloch in Königsberg, in: MEW 37, Berlin 1978

38.) Epping, Heinz, Die NS - Rhetorik als politisches Kampf- und Führungsmittel, Bedeutung und Wirkung, Dissertation, Münster 1954

39.) Erdheim, Mario, Zur gesellschaftlichen Produktion des Unbewußten, Frankfurt 1982

40.) Fest, Joachim C., Hitler, Berlin (West) 1973

41.) Freud, Sigmund, Der Untergang des Ödipuskomplexes, in: ders., Werke Bd. 13, Frankfurt 1968

42.) Fromm, Erich, Die Furcht vor der Freiheit, Stuttgart 1983

43.) Goebbels, Josef, Kampf um Berlin, München 1932

44.) Hillach, Ansgar, "Ästhetisierung des politischen Lebens", Benjamins faschismutheoretischer Ansatz - eine Rekonstruktion, in: Burghardt Lindner (Hg.), "Links hatte noch alles sich zu enträtseln...", Frankfurt 1978

45.) Hitler, Adolf, 'Mein Kampf', München 1941, 593. - 597. Auflage

46.) Horkheimer, Max, Adorno, Theodor W., Dialektik der Aufklärung, Frankfurt 1964

47.) Horkheimer, Max, Autoritärer Staat, Frankfurt 1968

48.) Jens, Walter, Von deutscher Rede, München 1983

49.) Kaschuba, Wolfgang, Lipp, Carola, Kein Volk steht auf, kein Sturm bricht los, Stationen dörflichen Lebens auf dem Weg in den Faschismus, in: Johannes Beck u.a. (Hg.), Terror und Hoffnung in Deutschland 1933 - 1945, Reinbek 1980

50.) Kirchhoff, Bodo, Die Einsamkeit der Haut, Frankfurt 1981

51.) Klaus, Georg, Buhr Manfred, (Hg.), Wörterbuch der Philosophie, Reinbek 1972

52.) Klemperer, Victor, LTI, Die Sprache des Dritten Reiches, Frankfurt 1982

53.) Köhler, Jochen, Klettern in der Großstadt, Geschichten vom überleben zwischen 1933 - 1945, Berlin 1981

54.) Kruse, Uve Jens, Christiansen, Broder, Die Redeschule, München 1932

55.) Kühnl, Reinhard, (Hg.), Texte zur Faschismusdiskussion I, Reinbek 1947

56.) ders., Faschismustheorien 2, Reinbek 1979

57.) Langenbach, Jürgen, Selbstzerstörung, Zur Identität von abstrakter Arbeit (Technik) und Faschismus, München 1982

58.) Leiser, Erwin, "Deutschland erwache", Propaganda im Film des dritten Reiches, Reinbek 1978

59.) Lukàcs, Georg, Die Zerstörung der Vernunft, 3 Bde., Darmstadt 1974

60.) Maraun, Frank, Die Bedeutung der Wochenschau neben Funk und Presse, in: Der deutsche Film, 4. Jg., Heft 5, Nov. 1939, zit. nach: Gerd Albrecht (Hg.), Film im dritten Reich, Eine Dokumentation, Karlsruhe 1979

61.) Mahler, Margaret, Symbiose und Individuation, Bd. 1, Stuttgart 1972

62.) Marcuse, Herbert, Der Kampf gegen den Imperialismus in der totalitären Staatsauffassung, in: ders., Kultur und Gesellschaft, Bd. 1, Frankfurt 1968

63.) Mason, Timothy W., Sozialpolitik im Dritten Reich, Arbeiterklasse und Volksgemeinschaft, Opladen 1978

64.) Miller, Alice, Am Anfang war Erziehung, Frankfurt 1983

65.) Moltmann, Günter, Goebbels' Rede zum 'totalen Krieg' am 18. Februar 1943, in: Vierteljahresheft für Zeitgeschichte, 12/1964

66.) Nitzschke, Bernd, Männerängste, Männerwünsche, München 1984

67.) Pechau, Manfred, Nationalsozialismus und deutsche Sprache, Halle (Saale) 1935, Dissertation

68.) Petzold, Joachim, Die Demagogie des Hitlerfaschismus, Frankfurt 1983

69.) Phelps, Reginald H., Hitlers "grundlegende" Rede über den Antisemitismus, in: Vierteljahresheft für Zeitgeschichte, 16/1968

70.) Quintilian, Marcus Fabius, Ausbildung des Redners, 12 Bücher, Rahn, Helmut (Hg.), 2 Bde., Darmstadt 1972

71.) Reich, Wilhelm, Die Massenpsychologie des Faschismus, Köln - Berlin 1971

72.) Roedemeyer, Friedrichkarl, Die Sprache des Redners, München- Berlin 1940

73.) Rotermund, Rainer, Verkehrte Utopien, Frankfurt 1980

74.) Roth, Karl Heinz, Arbeiterklasse und Arbeiterorganisation - Deutschland 1890 - 1920, in: ders., Arbeiterradikalismus und die "andere" Arbeiterbewegung, Bochum 1977

75.) Schäfer, Hans Dieter, Das gespaltene Bewußtsein, Deutsche Kultur und Lebenswirklichkeit 1933 - 1945, München/Wien 1981

76.) Schüddekopf, Otto Ernst, Nationalbolschewismus in Deutschland 1918 - 1933, Frankfurt 1972

77.) Seidel, Eugen, Seidel - Slotty, Ingeborg, Sprachwandel im Dritten Reich, Halle (Saale) 1961

78.) Stern, J.P., Hitler, Der Führer und das Volk, München 1978

79.) Sternberger, Dolf u.a., Aus dem Wörterbuch des Unmenschen, Hamburg 1968

80.) Strobl, Ingrid, Rhetorik im dritten Reich, Wien 1977, Dissertation

81.) Sywottek, Jutta, Mobilmachung für den totalen Krieg. Die propagandistische Vorbereitung der deutschen Bevölkerung auf den zweiten Weltkrieg, Opladen 1976

82.) Theweleit, Klaus, Männerphantasien, 2 Bde., Reinbek 1980

83.) Travaglini, Thomas, "m.E. sogar ausmerzen", der 20. Juli 1944 in der nationalsozialistischen Propaganda, in: aus Politik und Zeitgeschichte, B 29, 1974

84.) Treue, Wilhelm, Rede Hitlers vor der deutschen Presse am 10.11.1938, in: Vierteljahresheft für Zeitgeschichte, 6. Jahrg., 1958

85.) Tucholsky, Kurt, So verschieden ist es im menschlichen Leben, Werke Bd. 9, Reinbek 1975

86.) Vesper, Bernward, Die Reise, Hamburg 1983

87.) Vespignani, Renzo, Faschismus, Berlin, 1979

88.) Voigt, Gerhard, Bericht vom Ende der 'Sprache des Nationalsozialismus, in: ders., Diskussion Deutsch, 19/1974

89.) ders., Goebbels als Markentechniker, in: Wolfgang Fritz Haug, Thomas Metscher u.a., Warenästhetik, Beiträge zur Diskussion, Frankfurt 1971

90.) Wedleff, Margarete, Zum Stil in Hitlers Maireden, in: Muttersprache, Zeitschrift zur Pflege und Erforschung der deutschen Sprache, Jahrg. 1970

91.) Weller, Maximilian, Die freie Rede, Berlin 1937

92.) Winckler, Lutz, Hitlers Rede zum 1. Mai 1933 - Oder: Des Kaisers neue Kleider, in: Diskussion Deutsch, Heft 73, 10/1983

93.) ders., Studie zur gesellschaftlichen Funktion faschistischer Sprache, Frankfurt 1970

Zeitschriften, Zeitungen, Broschüren

1.) Deutsche Zeitung
Nr. 15, v. 7.4.1978
Rüedi, Peter, "Ängste und Schrecken der Lust"

2.) Badische Zeitung
v. 24.1.1978
Lütkehaus, Ludger, "Ordnungsdämme gegen innere und äußere Fluten"

3.) Badische Zeitung
v. 22.2.1979
Lütkehaus, Ludger, "Wenn Abhärtung zum Erziehungsziel wird"

4.) Frankfurter Allgemeine Zeitung
v. 18.4.1978
Baier, Lothar, "In den Staub mit allen Feinden der Frau"

5.) Frankfurter Rundschau
v. 20.12.1977
Schmitz, Helmut, "Faschisten in roter Frauenflut"

6.) Hoheitsträger, Der
hrsg. v. Reichspropagandaministerium der NSDAP, Der Reichsorganisationsleiter, Hauptschulungsamt
Hefte: 1, 1939
       10, 1938
       10, 1943

7.) Kampfschrift
Broschüre der Reichspropagandaleitung der NSDAP, Heft 16, Berlin 1932

8.) Stuttgarter Nachrichten
v. 5.12.1978
Ullrich, Gisela, "Sich auf Unsicherheiten einlassen"

9.) Tageszeitung, Die
v. 10.11.1983
Bauer, Antje, "Lust und Glück am Nationalsozialismus"

10.) Unser Wille und Weg
hrsg. v. Reichspropagandaministerium der NSADP,
Hefte: 1, 1931
        8. 1937

11.) Völkischer Beobachter
Ausgaben vom 9., 10., 11., 12. Dezember 1940

12.) Weltwoche, Die
v. 15.3.1978
Rüedi, Peter, "Die Schrecken der Lust"

13.) Zeit, Die
v. 25.11.1977
Brock, Bazon, "Frauen, Fluten, Körper, Geschichte"

A N H A N G

Quelle: Bouhler, Philipp (Hg.), Reden des Führers, Der Groß-
deutsche Freiheitskampf 2. Bd. Reden Adolf Hitlers vom
10.3.1940 bis zum 16.3.1941
Zentralverlag der NSDAP, Franz Eher Nachf., München 1942

der Vorsehung oder vom lieben Gott so verteilt worden. Die Verteilung haben die Menschen selbst besorgt. Und diese Besorgung fand im wesentlichen statt in den letzten 300 Jahren, also in der Zeit, in der leider unser deutsches Volk innerlich ohnmächtig und zerrissen war. Nach dem Ausgang des Dreißigjährigen Krieges, durch den Vertrag von Münster endgültig aufgespalten in Hunderte von Kleinstaaten, hat unser Volk seine ganze Kraft verbraucht im Kampf gegeneinander. Fürsten und Fürstelchen, Könige und geistliche Würdenträger, sie haben unser Volk in seiner Zerrissenheit aufrecht-erhalten. Und als es dann endlich schien, als ob diese rein dynastische Zersetzung unseres Volkskörpers ihr Ende finden könnte, da sind die Parteien gekommen, da kamen dann Weltanschauungen und haben ihrerseits das fortgesetzt, was erst begonnen worden war.

Und in dieser Zeit hat das tüchtigste Volk Westeuropas seine Kraft ausschließlich im Innern verbraucht. Und in dieser Zeit ist die andere Welt verteilt worden; nicht etwa durch Verträge oder durch göttliche Abmachungen, sondern ausschließlich durch Gewalt hat England sich dieses riesenhafte Imperium zusammengezimmert.

Das zweite Volk, das so zu kurz gekommen ist bei dieser Weltverteilung, das italienische, hat das gleiche Schicksal wie wir erlebt und erduldet. Innerlich zerrissen und aufgelöst, aufgespalten in zahllose Kleinstaaten, auch die ganze Kraft verbraucht im Kampf gegeneinander, hat das italienische Volk ebenfalls seine ihm an sich gegebene natürliche Position im Mittelmeer nicht nur nicht zu erhalten, sondern nicht einmal zu behalten vermocht.

So sind diese beiden starken Völker außer jedes Verhältnis geraten. Nun könnte man einwenden: Ist das überhaupt entscheidend? — Meine Volksgenossen, der Mensch lebt nicht von Theorien und nicht von Phrasen, nicht von Erklärungen, auch nicht einmal von Weltanschauungen. Leben tut er von dem, was er von seiner Erde durch seine Arbeit gewinnen kann an Lebensmitteln und auch an Rohstoffen. Das kann er verarbeiten, und das kann er essen. Wenn seine eigene Lebensgrundlage ihm zu wenig bietet, dann wird sein Leben ein ärmliches sein. Wir sehen das auch innerhalb der Völker: Reiche Gegenden, das heißt, fruchtbare Gebiete, geben größer

Rede am 10. Dezember 1940 in Berlin vor Rüstungsarbeitern

Meine deutschen Volksgenossen und -genossinnen!
Meine deutschen Arbeiter!

Ich rede jetzt sehr selten: erstens, weil ich wenig Zeit zum Reden habe, und zweitens, weil ich auch augenblicklich meine, daß es richtiger ist zu handeln, als zu sprechen.

Wir befinden uns inmitten einer Auseinandersetzung, bei der es sich um mehr dreht als um den Sieg des einen oder anderen Landes. Es ist wirklich der Kampf zweier Welten miteinander. Ich will versuchen, Ihnen ganz kurz, soweit es die Zeit gestattet, einen Einblick zu geben in die tieferen Gründe dieser Auseinandersetzung.

Ich möchte dabei nur Westeuropa in den Kreis der Betrachtung ziehen. Die Völker, um die es sich hier in erster Linie handelt: Deutsche 85 Millionen, Engländer 46 Millionen, Italiener 45 Millionen und Franzosen etwa 37 Millionen. Das sind die Kerne der Staaten, die gegeneinander im Krieg standen.

Wenn ich nun die Lebensgrundlagen dieser Menschen zum Vergleich heranziehe, dann ergibt sich folgende Tatsache:

46 Millionen Engländer beherrschen und regieren einen Gesamtkomplex von rund 40 Millionen Quadratkilometer dieser Welt. 37 Millionen Franzosen beherrschen und regieren einen Komplex von rund 10 Millionen Quadratkilometer.

45 Millionen Italiener haben, wenn es sich um irgendwie nützliche Gebiete handelt, eine Grundfläche von kaum ¾ Million Quadratkilometer.

85 Millionen Deutsche haben als Lebensgrundlage kaum 600 000 Quadratkilometer, und die erst durch unser Eingreifen. Das heißt, 85 Millionen Deutschen stehen 600 000 Quadratkilometer zur Verfügung, aus denen sie ihr Leben gestalten müssen, und 46 Millionen Engländern 40 Millionen Quadratkilometer.

Nun, meine Volksgenossen, ist diese Erde nicht etwa von

Lebensgrundlagen als arme Gegenden, unfruchtbare Land-
schaften. Im einen Fall sind es blühende Dörfer, im anderen
Fall sind es verarmte Steppen. Ob man auf steiniger Einöde
oder in einem fruchtbaren Kornland lebt, das kann nicht
irgendwie ausgeglichen werden durch Theorien, auch nicht
durch den Willen zur Arbeit.

So sehen wir, daß die erste Voraussetzung für die gegebenen
Spannungen darin liegt, daß diese Welt ungerecht verteilt ist.
Und es ist nun natürlich, daß sich in großen Völkerleben die
Dinge genau so entwickeln wie innerhalb der Völker. Genau
so, wie innerhalb der Völker die zu großen Spannungen zwischen reich und arm ausgeglichen werden müssen entweder
durch die Vernunft oder, wenn die Vernunft versagt, oft auch
dann durch die Gewalt, so kann auch im Völkerleben nicht
einer alles beanspruchen und dem anderen nichts übriglassen.
Die Vorsehung hat die Menschen nicht auf die Welt gesetzt,
damit der eine das Vierzigfache für sich beansprucht oder gar
das Achtzigfache, was dem anderen zuteil wird. Entweder erhält Vernunft und willigt ein in eine Regelung, die nach bil-
ligen Grundsätzen ausgehandelt wird, oder der Unterdrückte
und der vom Glück Getretene und vom Unglück Verfolgte, der
wird sich eines Tages eben das nehmen, was ihm zusteht. Das
ist im Innern der Völker so und ist auch im Äußeren so.

Und es war im Innern die große Aufgabe, die ich mir stellte,
diese Probleme durch den Appell an die Vernunft zu lösen,
das heißt, die großen Spannungen zu beseitigen durch die
Vernunft, den Appell an die Einsicht aller, die Kluft zwischen dem zu großen Reichtum der einen Seite und der zu
großen Armut der anderen Seite zu überbrücken, in der Erkenntnis allerdings, daß solche Prozesse sich nicht von heute
auf morgen vollziehen können, daß es aber immer noch besser
ist, durch die Vernunft allmählich die übermäßig voneinander
getrennten Klassen einander näherzubringen als durch die
Gewalt eine solche notwendige Lösung herbeizuführen.

Das Recht zum Leben ist ein allgemeines und ein gleich-
mäßiges. Es kann auch das nicht so dargestellt werden, daß
nun ein Volk sagt: „Wir wollen Euch ja ganz gerne auch so
mitleben lassen." Ihr wißt, meine Volksgenossen, daß es das
Wesen jeder wirklich sozialistischen Arbeit ist, dafür zu sorgen, daß nicht Almosen gegeben werden, sondern daß Rechte

hergestellt werden. Es handelt sich also nicht darum, daß die
Völker, die bei dieser Weltverteilung zu kurz gekommen sind,
auf dem Gnadenweg Almosen bekommen, sondern es handelt
sich darum, daß, so wie im normalen gesellschaftlichen Leben,
die Menschen ihr Recht erhalten. Das Recht zum Leben ist
kein Almosenbegehren, sondern es ist ein Rechtsanspruch, der
grundsätzlicher Art ist.

Es ist daher das Recht zum Leben zugleich ein Rechtsanspruch auf den Boden, der allein das Leben gibt. Und dieser
Rechtsanspruch ist der älteste und der heiligste zu allen
Zeiten gewesen. Für diesen Rechtsanspruch haben die Völker
dann, wenn Unvernunft ihre Beziehungen zu lähmen drohte,
eben dann gekämpft. Es blieb ihnen nichts anderes übrig, in
der Erkenntnis, daß selbst blutige Opfer dann noch besser
sind als ein allmähliches Aussterben eines Volkes.

So haben wir bei Beginn unserer nationalsozialistischen
Revolution im Jahre 1933 zwei Forderungen aufgestellt: Die
erste Forderung, sie war die Forderung nach der nationalen
Einigung unseres Volkes, und zwar in der Erkenntnis, daß
ohne diesen zusammenfassenden Entschluß nicht die Kraft
würde mobilisiert werden können zur Stellung und besonders
zur Durchsetzung der notwendigen deutschen Lebensansprüche.
Denn Sie kennen ja die Situation, die vor acht Jahren war:
Unser Volk war vor dem Zusammenbruch, 7 Millionen Erwerbslose, etwa 6½ Millionen Kurzarbeiter, unsere Wirtschaft
vor der vollkommenen Auflösung, die Landwirtschaft vor dem
Ruin, Handel und Gewerbe ruiniert, unsere Schiffahrt lag
still. Man konnte ausrechnen, wann endlich aus den 7 Millionen Erwerblosen 8 und 9 und 10 Millionen werden mußten.

Und es trat dann der Zustand ein, in dem die Zahl der
Schaffenden immer geringer wurde, aber umgekehrt die Zahl
der Nichtschaffenden ja miterhalten mußte. Das heißt also,
auch für die Schaffenden mußte das Ergebnis der Früchte
ihrer Arbeit immer kleiner werden, denn es mußte ja allmählich ein Schaffender einen Nichtschaffenden doch mit ernähren
und mit erhalten, denn leben mußte der auch. Und ob ich
das durch soziale Gesetzgebung oder auf dem Wege von Almosen verteile, ist gänzlich einerlei. Einer arbeitet eben und
muß einen, der nicht arbeitet, mit erhalten und mit ernähren.
Und am Ende langt es dann natürlich für keinen. Es ist zum

Leben zu wenig und vielleicht noch eine gewisse Zeit zum Sterben zu viel.

Die nationale Einigung war für uns daher eine der Voraussetzungen, um die ganze deutsche Kraft überhaupt erst einmal wieder zu ordnen, auch dem deutschen Volk zu zeigen, wie groß seine Kraft überhaupt ist, daß es aus dieser Kraft heraus bereit ist, dann seine Lebensansprüche erst sich selbst zu überlegen, sie dann zu stellen und sie dann auch durchzusetzen.

Diese nationale Einigung glaubte ich herbeiführen zu können durch einen Appell an die Vernunft. Ich weiß, es ist nicht überall gelungen. Ich bin damals in einer gewissen Zeit fünfzehn Jahre lang fast von beiden Seiten beworfen worden. Die einen, die warfen mir vor: „Du, du willst uns, uns, die wir zur Intelligenz gehören, die wir zu den oberen Schichten gehören, du willst uns da hinunterziehen zum Niveau dieser anderen, das ist unmöglich. Wir haben Bildung, wir haben außerdem auch noch Vermögen, und wir haben Kultur. Wir können den Weg nicht gehen." Es war mancher nicht zu bekehren, das ist wohl wahr. Aber im großen und ganzen ist die Zahl derjenigen doch immer größer geworden, die einsah, daß mit dieser Zerrissenheit unseres Volkskörpers eines Tages ja alle Schichten zugrunde gehen müßten.

Auch von der anderen Seite bin ich natürlich bekämpft worden. Man sagte mir: „Wir haben unser Klassenbewußtsein, wir geben mit den Leuten überhaupt nicht zusammen." Ich mußte mich nur auf den Standpunkt stellen, daß wir in unserem Land Experimente nicht herbeiführen können. Denn es ist natürlich das einfachste, einem anderen kurzerhand den Kopf abzuschneiden. Das heißt: wenn ich sage, ich köpfe die Intelligenz, so ist das ein Prozeß, der sich ohne weiteres durchführen läßt. Nur muß man dann vielleicht, vielleicht 100 Jahre warten, bis wieder das nachwächst. Und diese Zeit bedeutet die Vernichtung unseres Volkskörpers. Denn wie sollen 140 Menschen auf dem Quadratkilometer überhaupt existieren, wenn sie nicht die letzte Kraft des Geistes und auch der Faust anwenden, um ihrem Boden das abzuringen, was sie zum Leben notwendig brauchen? Das unterscheidet uns ja von den anderen. In den anderen Völkern, in Kanada: ein Mensch auf dem

Quadratkilometer. In den anderen Ländern zum Teil sechs, sieben, acht, zehn Menschen. Ja, meine Volksgenossen, so dumm kann man gar nicht wirtschaften, daß man dabei nicht leben kann. Aber bei uns 140 Menschen! Die anderen, sie werden nicht fertig mit ihren Problemen mit zehn Menschen auf dem Quadratkilometer. Wir aber, wir müssen fertig werden mit 140 auf dem Quadratkilometer.

Die Aufgaben sind uns gestellt, und ich habe mich im Jahre 1933 auf den Standpunkt gestellt: Wir müssen sie lösen, und wir werden sie daher auch lösen!

Natürlich war es nicht leicht, und selbstverständlich kann nicht alles sofort erfüllt werden. Die Menschen, meine Volksgenossen, sind das Produkt ihrer Erziehung. Und das beginnt leider schon fast mit der Geburt. Der kleine Wurm im einen Fall wird schon anders eingewickelt wie der kleine Wurm im anderen Fall. Und das geht dann so fort. Und wenn das Jahrhunderte geschieht, dann kommt plötzlich einer und sagt: Ich will euch jetzt wieder auswickeln aus euren verschiedenen Umhüllungen, damit wieder der Kern herauskommt, denn im Kern seid ihr ja sowieso ein und dasselbe. Ihr habt ja bloß das, was ihr außen um euch aufgebaut habt, als Trennendes, im Innern, da seid ihr ja alle die gleichen.

Das ist nicht so einfach zu machen, denn das sträubt sich, aus seinen Windeln herausgerissen zu werden. Jeder will in dem bleiben, in dem er ist. Und das erfordert eine lange Erziehung. Aber ich komme noch später darauf. Wir bringen das schon fertig. Wir haben damit begonnen. Ich habe eine Riesengeduld hier. Ich weiß von vornherein: Was in drei oder vier Jahrhunderten oder fünf Jahrhunderten gemacht wurde, das kann einer nicht in zwei, drei, fünf Jahren beseitigen. Das Entscheidende ist aber, daß man den Weg einschlägt, das zu beseitigen.

Ich habe jedenfalls eines damals als das Wesentliche erkannt: Wir müssen diese deutsche Volksgemeinschaft herstellen, wenn wir überhaupt von unserem Volk in der Zukunft noch etwas erwarten wollen. Daß es richtig war, ging daraus hervor, daß sich alle unsere Feinde sofort dagegenstemmten. Sie wehrten sich dagegen, gegen den Gedanken, so etwas aufzubauen.

Diese nationale Einigung war die erste Forderung. Sie ist

Stück um Stück und Zug um Zug verwirklicht worden. Sie wissen, selber, was ich alles beseitigt habe. Es ist sehr viel, meine lieben Volksgenossen, auf knappe sechs oder sieben Jahre. Wie hat damals Deutschland ausgesehen! Vollkommen zerrissen und ohnmächtig, in Parteien und in Stände und in Klassen und in Weltanschauungen, und die Konfessionen rührten sich usw. Und dazu kamen dann noch unsere lieben Freunde, nicht wahr, die sich nicht von hier stammen, sondern die vom Orient eingewandert sind. Und endlich, endlich dann die wirtschaftlichen Trennungen. Und dann unsere staatlichen Überlieferungen. Hier Preuße und hier Bayer und dort Württemberger, bis man dann jedem erst sein Fähnchen aus der Hand nahm und ihm sagte: Lege das weg und nimm jetzt endlich eine gemeinsame Fahne in die Hand. Die anderen haben sie schon längst, schon 300 Jahre lang. Nur bei uns läuft noch jeder mit einer besonderen Rosette im Knopfloch herum und bildet sich ein, daß das zur Stärkung seines Ichs beiträgt, und vergißt ganz, daß sein Ich nur ein Teil zu einer Gesamtheit ist und daß, wenn diese Gesamtheit sich so auflöst und aufsplittert, nichts anderes kommen kann als der Zusammenbruch.

Diese nationale Forderung habe ich nun mich bemüht zu verwirklichen. Und es ist vieles geleistet worden in so wenigen Jahren. Wir haben Deutschland, ich kann schon sagen, ausgefegt von diesem ganzen alten Zeug.

Und dann, das ging auf andere Gebiete noch über, wo wir überall uns bemühen mußten, mit alten Überlieferungen zu brechen, die manchen Menschen natürlich teuer sind. Ich verstehe das auch. Sie hingen an ihren alten Abzeichen, an ihren alten Fahnen, an ihren alten Bewegungen usw., an ihren alten Klassenvorurteilen, an ihrem Standesbewußtsein, Standesdünkel usw., ich verstehe das vollständig, aber es mußte das allmählich beseitigt werden, und es wird auch beseitigt. Bis man das alles in einen Rock hineinbrachte, bis man diese Jugenderziehung nur unter einen Hut brachte, das sind lauter riesenhafte Arbeiten gewesen.

Das ist der erste Programmpunkt aber des Jahres 1933, die Verwirklichung des Zieles, eine deutsche Gemeinschaft herzustellen. Und der zweite Programmpunkt, der lautete nun: Beseitigung der außenpolitischen Bedrückungen, die ihren

Ausdruck in der letzten Zeit in Versailles fanden, die zugleich aber auch die nationale Geschlossenheit unseres Volkskörpers verhindern, die es verbieten, daß sich große Teile unseres Volkes zusammenschließen und die besonders auch unseren Weltbesitz, unsere deutschen Kolonien, uns genommen haben. Das heißt also, dieser zweite Programmpunkt lautete: Kampf gegen Versailles. Es kann keiner sagen, daß ich erst heute das ausspreche, sondern, meine Volksgenossen, als ich zum erstenmal, damals noch selber als Soldat, nach dem großen Krieg auftrat, da war mein erster Programmpunkt bereits ein Vortrag gegen den Zusammenbruch, im Jahr 1919 dann gegen den Vertrag von Versailles und für die Wiederaufrichtung eines starken Deutschen Reiches. Damit habe ich begonnen. Was ich seitdem nun verwirklichte, ist also keine neue Zielsetzung, sondern die älteste, die es gibt.

Meine Volksgenossen, darin liegt nun der erste Grund zu dieser Auseinandersetzung, in der wir heute leben. Denn die andere Welt wollte nicht unsere innere Einigung, weil sie wußte, daß dann der Lebensanspruch dieser Volksmassen nicht nur kommen wird, sondern daß er auch verwirklicht werden kann. Und zweitens: Sie wollte aufrechterhalten dieses Gesetz von Versailles, in dem sie so einen zweiten Westfälischen Frieden erblickte.

Es kommt aber noch ein weiterer Grund dazu. Ich habe schon gesagt, daß die Welt verschieden verteilt wurde. Und amerikanische Beobachter und Engländer, die haben dafür auch einen wunderbaren Ausdruck gefunden; sie sagten: „Es gibt zwei Sorten von Völkern, nämlich Besitzende und Habenichtse. Wir, wir Engländer, wir sind die Besitzenden. Und wir haben nun einmal 40 Millionen Quadratkilometer. Und wir Amerikaner sind auch die Besitzenden, und wir Franzosen sind desgleichen die Besitzenden — und das sind eben die Habenichtse. Wer nichts hat, der bekommt auch nichts, der soll bei dem bleiben, was er nicht hat. Und wer hat, der hat und gibt nie etwas davon ab."

Nun bin ich Zeit meines Lebens der Vertreter der Habenichtse gewesen. Zu Hause war ich der Vertreter der Habenichtse. Ich habe für sie gekämpft, für die breite Masse meines Volkes. Ich stamme aus ihr, ich rechne mich nur zu ihr. Für sie bin ich eingetreten, und ich trete der Welt gegenüber wieder auf als der Vertreter der Habenichtse; als der trete ich auf.

Und ich kann einen Rechtsanspruch der anderen auf das, was sie sich durch Gewalt zusammenräuberten, niemals anerkennen. Auf keinen Fall kann ich diesen Rechtsanspruch aber anerkennen auf das, was uns sowieso gehört hat, was man uns weggenommen hat.

Nun ist es aber interessant, einmal das Leben dieser Reichen zu betrachten. In dieser englisch-französischen Welt, da existiert die sogenannte Demokratie. Sie wissen ja, diese Demokratie zeichnet sich nun durch folgendes aus: Es heißt, daß das die Herrschaft des Volkes sei. Nun muß das Volk ja doch irgendeine Möglichkeit besitzen, seinen Gedanken oder seinen Wünschen Ausdruck zu geben. Wenn man sich nun näher dieses Problem ansieht, dann kann man feststellen, daß das Volk an sich primär dort gar keine Überzeugung hat, sondern die Überzeugung selbstverständlich, wie übrigens überall, vorgesetzt erhält. Und das Entscheidende ist nun: Wer setzt diese Überzeugung eines Volkes fest? Wer klärt ein Volk auf? Wer bildet ein Volk? In diesen Ländern regiert tatsächlich das Kapital, das heißt, es ist eine Schar von einigen hundert Menschen, letzten Endes, die im Besitz unermeßlicher Vermögen sind und die infolge der eigenartigen Konstruktion des Staatslebens dort mehr oder weniger gänzlich unabhängig und frei sind. Denn es heißt, „wir haben hier Freiheit". Und sie meinen damit vor allem „freie Wirtschaft". Und unter freier Wirtschaft verstehen sie die Freiheit, Kapital nicht nur zu erwerben, sondern auch vor allem Kapital frei wieder zu verwenden, frei zu sein in der Erwerbung des Kapitals von jeder staatlichen, d. h. völkischen Aufsicht, aber auch in der Verwendung des Kapitals frei zu sein von jeder staatlichen und völkischen Aufsicht. Das ist in Wirklichkeit der Begriff ihrer Freiheit.

Und dieses Kapital nun, es schafft sich zunächst eine Presse. Sie reden von der Freiheit der Presse. In Wirklichkeit hat jede dieser Zeitungen einen Herrn. Und dieser Herr ist in jedem Fall der Geldgeber, der Besitzer also. Und dieser Herr dirigiert nun das innere Bild dieser Zeitung, nicht der Redakteur. Wenn der heute etwas anderes schreiben will als den Herren paßt, dann fliegt er am nächsten Tag hinaus. Diese

Presse nun, die die absolut unterwürfige, charakterlose Kanaille ihrer Besitzer ist, diese Presse modelliert nun die öffentliche Meinung. Und die von dieser Presse mobilisierte öffentliche Meinung wird wieder eingeteilt in Parteien. Diese Parteien unterscheiden sich so wenig voneinander, als sie sich früher bei uns voneinander unterschieden haben. Sie kennen sie ja, die alten Parteien. Das war immer eines und dasselbe. Meistens ist es sogar in diesen Ländern so, daß die Familien aufgeteilt sind; einer ist konservativ, und der andere ist liberal, und ein Dritter, der ist in England bei der Arbeiterpartei. In Wirklichkeit sind alle drei Familienmitglieder jährlich beisammen und dirigieren ganz genau ihre weitere Haltung, legen sie fest. Es kommt noch dazu, daß das auserwählte Volk ja überall eine Gemeinschaft ist und nun tatsächlich alle diese Organisationen bewegt und dirigiert. Daher kommt auch bei einer Opposition dort nichts heraus. Die Opposition ist eigentlich immer das gleiche, und in allen grundsätzlichen Dingen, wo sich doch die Opposition bemerkbar machen müßte, sind sie immer eins und das gleiche, da haben sie eine Überzeugung. Diese Parteien mit dieser Presse, die formen die öffentliche Meinung.

Nun müßte man doch meinen, daß vor allem in diesen Ländern der Freiheit und des Reichtums ein unerhörtes Wohlleben für das Volk bestehen müßte. Es ist aber umgekehrt. In diesen Ländern ist die Not der breiten Masse größer als irgendwo anders. Da ist dieses reiche England, 40 Millionen Quadratkilometer werden von ihm kontrolliert, hunderte Millionen kolonialer Arbeiter mit einem erbärmlichen Lebensstandard in Indien z. B. müssen dafür tätig sein. Man müßte nun meinen, in diesem England selbst, da muß dann wenigstens doch jeder einzelne Teilhaber an diesem Reichtum sein. Im Gegenteil, in diesen Ländern ist der Klassenunterschied der krasseste, den man sich denken kann. Armut, unvorstellbare Armut auf der einen Seite und auf der anderen ebenso unvorstellbarer Reichtum. Sie haben nicht ein Problem gelöst. Das sind Länder, die über die Schätze der Erde verfügen, und ihre Arbeiter, die hausen in erbärmlichen Löchern; Länder, die über die Bodenschätze der Welt verfügen, und die breite Masse ist miserabel gekleidet; Länder, die mehr als genügend an Brot und an allen sonstigen Früchten haben könnten, und

Millionen ihrer unteren Schichten haben nicht genug, um sich nur den Magen einmal voll zu füllen, laufen verhungert herum. Leute, die auf der einen Seite es fertigbringen könnten, eine Welt mit Arbeit zu versehen, müssen es erleben, daß sie nicht einmal mit der Erwerbslosigkeit in ihrem eigenen Lande aufräumen können. Dieses reiche England hat jahrzehntelang jetzt 2½ Millionen Erwerbslose gehabt. Dieses reiche Amerika 10 bis 13 Millionen Jahr für Jahr. Dieses Frankreich 6, 7, 800 000. Ja, meine Volksgenossen, was wollten wir dann erst von uns sagen? Aber es ist auch verständlich. In diesen Ländern der sogenannten Demokratie wird ja überhaupt gar nicht das Volk in den Mittelpunkt der Betrachtung gerückt. Was entscheidend ist, ist ausschließlich die Existenz dieser paar Macher der Demokratie, das heißt also die Existenz dieser paar hundert gigantischen Kapitalisten, die im Besitz ihrer Werte, ihrer ganzen Aktien sind und die letzten Endes damit diese Völker ausschließlich dirigieren. Die breite Masse interessiert sie nicht im geringsten. Die interessiert sie, genau wie früher unsere bürgerlichen Parteien, nur zur Wahlzeit, dann brauchen sie ihnen Stimmen. Sonst ist ihnen das Leben der breiten Masse vollkommen gleichgültig.

Dazu kommt noch der Unterschied der Bildung. Ist es nicht geradezu spaßhaft, wenn wir jetzt hören, daß ein englischer Arbeiterparteiler, der im übrigen als Oppositioneller von der Regierung offiziell bezahlt wird, wenn ein englischer Arbeiterparteiler sagt: „Wenn der Krieg zu Ende geht, dann wollen wir auch in sozialer Hinsicht einiges machen. Vor allem, es soll dann auch der englische Arbeiter einmal reisen können." Das ist ausgezeichnet, daß sie jetzt darauf kommen, daß das Reisen nicht nur für die Millionäre da sein soll, sondern auch für das Volk.

Das haben wir aber bei uns schon immerhin seit einiger Zeit gelöst, diese Probleme.

Nein, glauben Sie, in diesen Staaten, das zeigt ihre ganze Wirtschaftsstruktur, da herrscht letzten Endes unter dem Mantel der Demokratie der Egoismus einer verhältnismäßig ganz kleinen Schicht. Und diese Schicht wird nun von niemand korrigiert und kontrolliert. Und es ist verständlich, wenn daher ein Engländer sagt: „Wir wollen nicht, daß unsere Welt irgendwie zugrunde geht." Sie haben recht. Sie wissen ganz

genau: Ihr Imperium wird von uns gar nicht bedroht. Aber sie sagen sich mit Recht: „Wenn diese Gedanken, die in Deutschland populär werden, nicht beseitigt und ausgerottet werden, dann kommen sie auch über unser Volk. Und das ist das Gefährliche, das wünschen wir nicht." Es würde ihnen gar schaden, wenn es käme. Aber sie sind so borniert, wie bei uns auch viele borniert waren. Sie lieben auf dem Gebiet einfach ihre konservative bisherige Praxis. Sie wollen sich davon nicht entfernen. Sie machen kein Hehl daraus. Sie sagen: „Diese ganzen Methoden passen uns nicht."

Und was sind nun das für Methoden? Ja, wissen Sie, meine Kameraden, ich habe ja in Deutschland nichts zerschlagen. Ich bin immer sehr vorsichtig vorgegangen, weil ich, wie gesagt, glaube, daß wir uns das gar nicht erlauben können, etwas in Trümmer zu legen. Es war mein Stolz, daß die Revolution 1933 ohne eine kaputte Fensterscheibe abging. Aber trotzdem haben wir ungeheure Wandlungen herbeigeführt.

Ich will nur ein paar grundsätzliche Auffassungen sagen: Da ist zunächst die erste Auffassung: In dieser Welt der kapitalistischen Demokratien, da lautet der wichtigste Wirtschaftsgrundsatz: Das Volk ist für die Wirtschaft da, und die Wirtschaft ist für das Kapital da. — Und wir haben nun diesen Grundsatz umgedreht, nämlich: Das Kapital ist für die Wirtschaft da, und die Wirtschaft ist für das Volk da. Das heißt mit anderen Worten: Das Primäre ist das Volk, alles andere ist nur ein Mittel zum Zweck. Das ist der Zweck. Wenn eine Wirtschaft es nicht fertigbringt, ein Volk zu ernähren, zu bekleiden usw., dann ist sie schlecht, ganz gleichgültig, ob mir ein paar hundert Leute sagen, „aber für mich ist sie gut, ausgezeichnet, meine Dividenden stehen hervorragend". Das gebe ich zu. Mich interessieren gar nicht die Dividenden. Ich bezweifle nicht, daß in unserem Staat das nicht möglich ist. Ja, es darf nicht einmal sein. Wir haben hier Grenzen gezogen. Man sagt sofort: „Ja, sehen Sie, das ist es eben. Sie terrorisieren die Freiheit." Jawohl, die terrorisieren wir, wenn die Freiheit auf Kosten der Gemeinschaft geht. Dann beseitigen wir sie.

Diese Leute haben die Möglichkeit — ich will Ihnen nur ein Beispiel sagen —, aus ihrer Rüstungsindustrie 76, 80, 95, 140, 160 v. H. Dividende einzutreiben. Ja natürlich, sie sagen, wenn diese Methoden um sich greifen, hört sich das auf. Da haben sie vollkommen recht, das werde ich nicht dulden. Ich glaube, daß 6 v. H. genügend sind. Aber von diesen 6 v. H. nehmen wir auch wieder die Hälfte weg. Und von dem Rest müssen wir den Nachweis wissen, daß das wieder im Interesse der Volksgemeinschaft angelegt wird. Das heißt also, der einzelne hat nicht das Recht, vollkommen frei über das zu verfügen, was im Interesse der Volksgemeinschaft angelegt werden muß. Wenn er persönlich darüber vernünftig verfügt, ist es gut. Wenn er nicht vernünftig verfügt, dann greift der nationalsozialistische Staat ein.

Oder ein anderes Beispiel: Außer diesen Dividenden gibt es dann die sogenannten Aufsichtsratsgebühren. Sie wissen vielleicht noch gar nicht, wie furchtbar die Tätigkeit eines Aufsichtsrates ist. Man muß also da im Jahr einmal eine Reise tun und muß dann zur Bahn gehen. Man muß sich dann in die erste Klasse hineinsetzen und muß irgendwohin fahren. Und dann muß man in ein Lokal hineingehen, um zehn Uhr oder um elf Uhr, je nachdem, und dann wird dort ein Bericht verlesen. Und da muß man dann zuhören. Und wenn der Bericht verlesen ist, dann muß man anhören, daß ein paar etwas sagen dazu, und das kann natürlich auch sogar bis die Essenszeit dauern, kann ein oder um zwei Uhr werden, und nach 2 Uhr muß man wieder aufstehen, und man muß dann wieder seine Reise zurück machen. Wieder zurückfahren! Und wieder erste Klasse wieder zurückfahren! Und es hat wohl da jeder das Recht, daß er dann im Jahr so 60 000 oder 80 000 oder 100 000 Mark — das war bei uns früher auch, und außerdem, die Anstrengung muß sich auch bezahlt machen.

Diesen Unfug, den haben wir allerdings bei uns eben beseitigt. Und es ist nur eine Veredelierung bei Gewinnen gewesen, weiter gar nichts. Und vor allem, es war ein Mittel zur Bestechung. Denn die Herren Abgeordneten sind Aufsichtsräte.

Das war bei uns auch. Wir haben das beseitigt. Kein Abgeordneter darf Aufsichtsrat sein, es sei denn, gänzlich unbezahlt. Irgendeine Bezahlung ist ausgeschlossen, unter jeglicher Form ausgeschlossen. In diesen anderen Ländern ist das eben nicht. Sie sagen nun, »Ja, das ist für uns ein heiliger

Staat«. Das gebe ich zu, der macht sich auch bezahlt dafür. Aber ob der Staat auch für die Völker heilig ist, das ist etwas anderes. Ich glaube, für die Völker ist das schädlich. Ich glaube, das kann man nicht aufrechterhalten, daß ein Mensch ein ganzes Jahr schuftet und arbeitet und dann einen demgegenüber geradezu lächerlichen Lohn bekommt, und ein anderer, der setzt sich einmal in eine Sitzung hinein und streicht dafür nun ungeheure Gehälter ein. Das sind unmögliche Zustände.

Wir Nationalsozialisten treten auch auf der anderen Seite jeder Gleichmacherei entgegen. Wenn heute einer durch seine Genialität etwas Gewaltiges erfindet, durch seine geistige Arbeit uns einen ungeheuren Nutzen bringt, dann sind wir großzügig. Das ist dann Arbeit. Der Mann nützt dann unserer Volksgemeinschaft. Aber als Drohne in dieser Volksgemeinschaft leben, das müssen wir allmählich unmöglich machen.

Und sehen Sie nun, das könnte ich ins Endlose erweitern. Aber das sind nun zwei Welten, die da gegeneinanderstehen, und sie haben ganz recht in England, wenn sie sagen, »mit der Welt können wir uns nie aussöhnen«. Wie kann sich auch so ein Kapitalist mit meinen Grundsätzen versöhnen! Eher kann der Teufel in die Kirche gehen und Weihwasser nehmen, bevor die sich mit den Gedanken auseinandersetzen können, die für uns heute selbstverständlich sind.

Wir haben dafür ja auch unsere Probleme aber gelöst. Meine Volksgenossen, es wird uns beispielsweise auch etwas vorgeworfen. Man sagt: »Wir kämpfen für die Aufrechterhaltung des Goldstandards der Währung.« Das verstehe ich. Die haben das Gold. Wir hatten einmal auch Gold. Das hat man uns dann ausgeplündert und ausgepreßt. Als ich zur Macht kam, da war es bei mir keine Boshaftigkeit, daß ich mich vom Goldstandpunkt entfernte. Es war nämlich gar kein Gold da. Es war für mich auch nicht schwierig, diese Entfernung durchzuführen. Wenn einer nichts hat, dann kann er sich leicht von dem trennen, was er nicht hat. Wir haben kein Gold gehabt. Wir hatten keine Devisen. Das hat man uns im Laufe von fünfzehn Jahren alles ausgepreßt.

Aber nun, meine Volksgenossen, ich war auch nicht unglücklich darüber. Wir haben eine ganz andere Wirtschaftsauffassung. Unserer Überzeugung nach ist das Gold überhaupt gar kein Wertfaktor, sondern nur ein Faktor zur Unterdrückung, das heißt besser, zur Beherrschung der Völker. Ich habe als ich zur Macht kam, nur eine einzige Hoffnung besessen, auf die baute ich, das war die Tüchtigkeit, die Fähigkeit des deutschen Volkes, des deutschen Arbeiters und die Intelligenz unserer Erfinder, unserer Ingenieure, unserer Techniker, unserer Chemiker usw., auch die Geschicklichkeit unzähliger Organisatoren unserer Wirtschaft. Damit habe ich gerechnet. Ich stand vor einer einfachen Frage: Sollen wir denn kaputt gehen, zugrunde gehen, weil wir kein Gold haben? Soll ich mich an einen Wahnsinn hängen lassen, der uns vernichtet?

Ich habe die andere Auffassung vertreten: Wenn wir schon kein Gold haben, dann haben wir Arbeitskraft. Und die deutsche Arbeitskraft, das ist unser Gold, und das ist unser Kapital. Und mit dem Gold schlage ich jede andere Macht der Welt. Denn von was leben denn die Menschen? Leben sie etwa von Dukaten, die man ihnen eingibt? Sie leben von Nahrungsmitteln, die der Bauer schaffen muß. Also Arbeit muß das schaffen. Sie kleiden sich von Stoffen, die fabriziert werden müssen. Also der Arbeiter muß sie fabrizieren. Sie wollen in Wohnungen leben, die gebaut werden müssen. Also der Arbeiter muß sie bauen. Und das Material dazu und die Rohstoffe müssen durch Arbeit geschaffen werden. Ich habe meine ganze Wirtschaft nur aufgebaut auf dem Begriff Arbeit. Und wir haben unsere Probleme gelöst: Und das Wunderbare ist, meine Volksgenossen, die Kapitalsländer sind in ihren Währungen kaputtgegangen. Das Pfund kann heute in der Welt nicht verkaufen. Wenn man das einem nachwirft, dann weicht er aus, daß er nicht getroffen wird davon. Und unsere Mark, hinter der gar kein Gold steht, die ist stabil geblieben. Warum? Ja, meine Volksgenossen, Gold steht keines dahinter, aber Ihr steht dahinter, Eure Arbeit steht dahinter. Ihr habt mir geholfen, daß die Mark stabil blieb. Die Währung ohne Gold ist heute mehr wert als Gold, denn sie ist flüssige Produktion. Das ist dem deutschen Bauern zu verdanken, der gearbeitet hat von früh bis spät. Und das ist dem deutschen Arbeiter zuzuschreiben, der seine ganze Kraft hineinlegte.

Und nun ist auf einmal wie mit einem Zauber das ganze Problem gelöst worden.

Wenn ich, meine lieben Freunde, öffentlich vor acht oder

neun Jahren erklärt hätte: In sechs, sieben Jahren wird das Problem nicht mehr sein: wie bringen wir die Arbeitslosen unter?, sondern das Problem wird dann lauten: wo kriegen wir Arbeitskräfte her?, wenn ich das gesagt hätte, hätte mir das damals sehr geschadet. Denn man hätte erklärt: „Der ist ja wahnsinnig, mit dem kann man überhaupt gar nicht gehen, dem darf man keine Stimme geben, der ist ein Phantast." Das ist aber heute Wirklichkeit geworden. Heute ist nur eine Frage bei uns: Wo ist eine Arbeitskraft?

Das, meine Volksgenossen, ist der Segen der Arbeit. Nur Arbeit schafft neue Arbeit. Nicht Geld schafft Arbeit, nur Arbeit schafft neue Arbeit. Arbeit schafft Werte, die Menschen belohnen, die selber wieder arbeiten wollen. Was der eine schafft, gibt den anderen die Voraussetzung zu seinem Leben und damit zu seinem Schaffen. Und wenn wir die Arbeitskraft unseres Volkes bis zum höchsten mobilisieren, dann wird auf den einzelnen immer mehr und mehr auch an Lebensgütern treffen. Denn die Tatsache ist, daß wir diese sieben Millionen Erwerbslose in den Wirtschaftsprozeß eingliederten, daß wir weitere sechs Millionen von Halbarbeitern zu Ganzarbeitern machten, daß wir sogar zu Überstunden gekommen sind und daß alles das bezahlt wird mit einer Reichsmark, die, solange der Frieden währte, ihren Wert behielt und die wir erst jetzt im Kriege rationieren, nicht weil sie den Wert verliert, sondern weil wir jetzt einen Teil der Produktion für die Kriegsproduktion umstellen mußten, um damit den Kampf um die deutsche Zukunft erfolgreich bestehen zu können.

Das, meine Volksgenossen, ist auch eine Welt, die wir hier aufbauen: eine Welt der gemeinsamen Arbeit, eine Welt gemeinsamer Anstrengungen, aber auch eine Welt gemeinsamer Sorgen, gemeinsamer Pflichten.

Ich habe mich nicht gewundert, daß man in diesen anderen Ländern erst zum Teil nach zwei, nach drei, nach fünf, nach sieben Monaten, zum Teil nach einem Jahr mit der Rationierung begann. Glauben Sie, das ist kein Zufall. In all diesen Ländern ist das Berechnung. Vielleicht hat sich mancher Deutsche gewundert, daß am ersten Tag, des Kampfes am Morgen bereits die Marken gekommen sind. Ja, meine Volksgenossen, dieses ganze Markensystem hat natürlich zwei Seiten. Man wird mir sagen: „Wäre es nicht gescheiter, man würde auf dem oder dem Gebiet darauf verrichten? Gott, Sie gehen — was heißt das schon —. Sie geben nur soviel Gramm Kaffee ab. Da bekommt keiner viel. So bekämen wenigstens einige etwas." — Das gebe ich zu. Das ist es eben, was wir vermeiden wollten. Wir wollten eben vermeiden, daß in dem Wichtigsten, was zum Leben gehört, der eine mehr hat als der andere. Es gibt andere Dinge: Ein kostbares Gemälde. Es kann sich nicht jeder einen Tizian kaufen, selbst wenn er das Geld hätte, weil Tizian nicht soviel Bilder gemalt hat. Also das kann man dem einen oder dem anderen geben, der soll dafür bezahlen. Der gibt sein Geld auf diese Weise dann wieder aus, und das kommt dann wieder in kurzer Zeit unter die Menschheit. Aber was zum Essen notwendig ist, da hat jeder den gleichen Lebensanspruch. Die anderen Staaten, da hat man gewartet. Man hat erst geschrieben: „Soll das Fleisch rationiert werden?" Das ist der erste Alarmschuß. Das heißt also, wenn du Kapital hast, decke dich ein, kaufe dir einen Eisschrank und lege dir ein paar Speckschwarten gleich zurecht. „Oder soll man Kaffee rationieren?" Es bestehen hier zwei verschiedene Meinungen, ob man ihn rationieren soll oder nicht. Aber es wäre nicht ausgeschlossen, daß die Meinung am Ende siegt, die glaubt, daß man auch den Kaffee rationieren soll. Das wird vier Wochen so geschrieben. Jeder, der nur etwas Grütze im Kopf hat — und das ist natürlich bei den Demokraten schon der Fall, der sagt: „Hallo, was, also Kaffee wird demnächst gepackt; also Kaffee einkaufen." Und dann rationiert man. Das heißt, wenn nichts mehr da ist. Das wollten wir vermeiden. Deshalb haben wir jetzt im Krieg diese Beschränkungen vornehmen müssen von vornherein für alle gleichmäßig. Und wir verstehen wenig Spaß, wenn sich da einer dagegen versündigt.

Das eine ist aber sicher, meine Volksgenossen: Wenn wir alles zusammennehmen, dann haben wir heute hier einen Staat, der wirtschaftlich und politisch anders orientiert ist wie die westlichen Demokratien. In diesem Staat bestimmt ohne den Zweifel das Volk das Dasein. Das Volk bestimmt in diesem Staat die Richtlinien seiner Führung. Denn es ist tatsächlich möglich geworden, in diesem Staat die breite Masse im weitesten Ausmaß zunächst in die Partei einzubauen, diese Riesenorganisation, die von unten beginnt und Millionen

Menschen umfaßt, die Millionen von Funktionären hat. Das sind lauter Menschen aus dem Volk. Und es baut sich nach oben auf. Es ist zum erstenmal ein Staat in unserer eigenen deutschen Geschichte, der grundsätzlich alle gesellschaftlichen Vorurteile in der Stellenbesetzung beseitigt hat. Nicht etwa jetzt im zivilen Leben. Ich bin ja selber das letzte Dokument dessen. Ich bin nicht einmal Jurist — bedenken Sie, was das heißt! —, bin trotzdem Ihr Führer. Nicht nur im allgemeinen Leben haben wir das so fertiggebracht, daß in alle Stellen hinauf jetzt Menschen kommen, die aus dem Volk sind — Reichsstatthalter, die früher Landarbeiter gewesen sind, die früher Schlosser gewesen sind —, nein, wir haben sogar beim Staat diesen Durchbruch vollzogen, dort, wo der Durchbruch am schwersten schien, auch in der Wehrmacht. Tausende von Offizieren werden befördert und sind aus dem Mannschaftsstand hervorgegangen. Wir haben auch hier alle Hemmungen beseitigt. Wir haben heute Generale, die noch vor zweiundzwanzig, dreiundzwanzig Jahren gewöhnliche Soldaten, Unteroffiziere gewesen sind. Wir haben hier alle Hemmungen gesellschaftlicher Art überwunden.

Und wir bauen ja nun vor allem für die Zukunft auf. Denn Sie wissen, wir haben unzählige Schulen, nationalpolitische Erziehungsanstalten und Adolf-Hitler-Schulen. In diese Schulen, da holen wir die talentierten Kinder herein, die Kinder unserer breiten Masse, Arbeitersöhne, Bauernsöhne, wo die Eltern niemals so bezahlen könnten, daß ihre Kinder ein höheres Studium mitmachen, die kommen hier allmählich hinein und werden hier weitergebildet, und sie werden später einmal in den Staat hineingeführt, sie kommen später in die Partei, sie kommen in die Ordensburgen, sie werden höchste Stellen einmal einnehmen.

Wir haben hier große Möglichkeiten geschaffen, diesen Staat so ganz von unten auf aufzubauen. Das ist nun eben unser Ziel, und das ist auch — das kann ich Ihnen sagen, meine Volksgenossen — unsere ganze Lebensfreude. Es ist so etwas Herrliches, für so ein Ideal kämpfen zu können. Es ist so wunderbar, daß wir uns sagen dürfen: wir haben ein fast phantastisch anmutendes Ziel. Uns schwebt ein Staat vor in der Zukunft, bei dem jede Stelle vom fähigsten Sohn unseres Volkes besetzt sein soll, ganz gleichgültig, woher er kommt.

Ein Staat, in dem Geburt gar nichts ist und Leistung und Können alles. Das ist unser Ideal, für das wir nun arbeiten und für das wir mit dem ganzen Fanatismus arbeiten und mit unseren ganzen — ich darf sagen — Glückseligkeit arbeiten — unsere größte Freude auf dieser Welt, die uns gegeben werden konnte.

Und dem steht nun ein anderes Gebilde gegenüber, eine andere Welt. Und dort ist das letzte Ideal immer wieder doch der Kampf um das Vermögen, um das Kapital, der Kampf für die Familie, der Kampf für den Egoismus des einzelnen. Und alles andere ist dort nur ein Mittel zum Zweck.

Das sind die beiden Welten, und die stehen sich heute miteinander im Kampf. Und wir wissen ganz genau, wenn wir in diesem Kampf unterliegen, dann ist das das Ende, nicht etwa unserer sozialistischen Aufbauarbeit, es ist das Ende des deutschen Volkes. Denn ohne die Zusammenfassung dieser Kraft können eben diese Menschen gar nicht ernährt werden. Das ist eine Masse von heute weit über 120, 130 Millionen, die davon abhängig ist, darunter allein 85 Millionen unseres eigenen Volkes. Das wissen wir.

Und die andere Welt sagt: „Wenn wir verlieren, dann bricht unser weltkapitalistisches Gebäude zusammen, dann ... wir haben das Gold gehortet, das liegt jetzt in unseren Kellern. Das hat plötzlich keinen Wert, wenn die Idee unter die Völker kommt, daß die Arbeit die Entscheidende ist. Was dann? Dann haben wir das Gold umsonst gekauft. Unser ganzer Weltherrschaftsanspruch kann nicht mehr aufrechterhalten werden. Die Völker werden diese wenigen Familiendynastien beseitigen, sie werden dann mit sozialen Forderungen kommen. Es wird ein Einsturz erfolgen." Und ich verstehe daher, wenn sie erklären: „Das wollen wir unter allen Umständen verhindern, das wollen wir vermeiden." Sie sehen ganz genau, wie der Aufbau unseres Volkes stattfindet. Es ist bei ihnen so ganz klar. Nur ein Beispiel: Dort ein Staat, der regiert wird von einer ganz dünnen Oberschicht. Diese Oberschicht schickt ihre Söhne wieder in eigene Er-ziehungsanstalt. Dort das Eton-College und auf unserer Seite die Adolf-Hitler-Schule oder die nationalsozialistische Erziehungsanstalt, nationalpolitische Schule. Zwei Welten: In einem Fall die Kinder des Volkes, im anderen Fall nur die

Söhne dieser Geldaristokratie, dieser Finanzmagnaten. Dort nur Leute, die im Staat eine Rolle spielen, aus dieser Schule, und hier Leute, die im Staat eine Rolle spielen, aus dem Volk. Das sind zwei Welten.

Ich gebe zu, eine der beiden Welten muß zerbrechen, entweder die eine oder die andere. Im einen Fall, wenn wir zerbrechen würden, würde mit uns das deutsche Volk zerbrechen. Wenn die andere Welt zerbricht, bin ich der Überzeugung, werden die Völker überhaupt erst frei. Denn unser Kampf richtet sich gar nicht gegen die Engländer als Mann oder gegen den Franzosen. Wir haben gegen sie nichts. Jahrelang habe ich meine außenpolitische Zielsetzung klargelegt. Ich habe von ihnen nicht zuviel verlangt, gar nichts! Als sie eintraten in den Krieg, da konnten sie nicht sagen: „Wir treten ein, weil die Deutschen das verlangt haben", sondern im Gegenteil, sie haben damals ganz offen gesagt: „Wir treten ein, weil uns das deutsche System nicht paßt, weil wir fürchten, daß dieses System auch unsere Völker ergreift." Deswegen führen sie diesen Krieg. Sie wollen unser Volk damit wieder zurückschmettern in die Zeiten von Versailles, in diese ganze namen-lose Unglück. Und sie täuschen sich dabei! Wenn schon in diesem Krieg die Signale so gestellt sind, daß hier Gold gegen Arbeit, Kapital gegen die Völker und die Reaktion gegen die Menschheitsfortschritt ist, dann wird die Arbeit und dann werden die Völker und dann wird der Fortschritt siegen! Auch die ganze jüdische Unterstützung wird ihnen dabei nichts helfen.

Ich habe das vorausgesehen, seit Jahren. Denn was habe ich von der anderen Welt verlangt? Gar nichts als nur das Recht, daß sich die Deutschen zusammenschließen, und zweitens, daß man ihnen das zurückgibt, was man ihnen genommen hat, sonst gar nichts. Etwas, was für die anderen Völker gar keinen Wert hatte. Und wie oft habe ich ihnen die Hand hingestreckt.

Gleich nach der Machtübernahme; ich sagte: Ich habe gar keine Lust, aufzurüsten, denn, was heißt rüsten? Das verschlingt mir soviel Arbeitskraft. Gerade ich, der ich doch die Arbeitskraft als das Entscheidende ansehe, ich wollte die deutsche Arbeitskraft für meine anderen Pläne einsetzen, und das, meine Volksgenossen, ich glaube, das wird sich schon herumgesprochen haben, daß ich immerhin ziemlich bedeutende

Pläne besitze, schöne und große Pläne für mein Volk. Ich habe den Ehrgeiz, das sage ich, mein deutsches Volk reich, das deutsche Land schön zu machen. Ich möchte, daß der Lebensstandard des einzelnen gehoben wird. Ich möchte, daß wir die beste und schönste Kultur bekommen. Aber ich möchte nicht, daß wir die Theater wie in England für ein paar der oberen Zehntausend nur reservieren. Ich möchte, daß das ganze Volk daran Anteil nimmt. Ich möchte die breite Masse so organisiert sehen, daß die ganze herrliche deutsche Kultur ihr zugute kommt. Das sind ungeheure Pläne, die wir besaßen. Und dazu brauche ich die Arbeitskraft. Die Rüstung nimmt mir dafür die Arbeiter nur weg. Ich habe ihnen Vorschläge gemacht. Man hat mich ja nur ausgelacht. Ich hörte nur ein Nein. Ich habe Vorschläge gemacht, einzelne Rüstungen zu begrenzen. Man lehnte das ab. Ich habe Vorschläge gemacht, wenigstens dann den Kampf zu beschränken. Man hat das abgelehnt. Ich habe Vorschläge gemacht, die Luftwaffe überhaupt herauszunehmen aus dem Krieg. Man hat das abgelehnt. Ich machte dann die Vorschläge, daß man wenigstens die Bombenwaffe... Man hat das auch abgelehnt. Wir haben sie, ihr habt sie euch so passen. Das brauchen wir. Damit werden wir euch ja gerade, wenn notwendig, nicht. Damit werden wir euch ja gerade, wenn notwendig, unser Regime aufzwingen."

Nun bin ich der Mann, der keine Dinge halb macht. Wenn ich es schon einmal notwendig ist, sich zu wehren, dann wehre ich mich mit einem unbändigen Fanatismus. Als ich sah, daß der bloße deutsche Wiederaufstieg die gleichen Leute in England sofort wieder mobilisierte, die schon vor dem Weltkriege zum Kriege hetzten, da war ich mir bewußt, daß eben dieser Kampf noch einmal wird ausgetragen werden müssen, daß die anderen den Frieden eben nicht wollen. Denn es war ja ganz klar. Was bin ich vor dem Weltkrieg gewesen? Ein unbekannter, namenloser Mensch. Was war ich im Krieg? Ein ganz kleiner, gewöhnlicher Soldat. Ich habe keine Verantwortung am Weltkrieg gehabt. Wer sind die Leute, die Verantwortung am Weltkrieg führen? Das sind die gleichen Leute, die bereits vor dem Weltkriege hetzten die Hetze betrieben hatten. Der gleiche Herr Churchill, der im Weltkrieg schon der gemeinste Kriegsheger war. Das ist der jetzt verstorbene Herr Chamberlain, der damals genau

so bereits hetzte, und die ganze Koterie, die dazu gehört, und natürlich jenes Volk, das immer mit den Trompeten von Jericho glaubt die Völker zerbrechen zu können. Es sind die alten Geister, die da wieder lebendig geworden sind.

Und dagegen habe ich nun das deutsche Volk gerüstet, auch aus einer Überzeugung: Ich habe selber als Soldat den Weltkrieg mitgemacht und habe es so oft erlebt, was es heißt, vom anderen beschossen zu werden, ohne selbst zurückschießen zu können, was es heißt, keine Munition zu besitzen oder zu wenig, immer nur vom anderen geschlagen zu sein. Ich habe damals meinen ganzen Glauben in das deutsche Volk gewonnen und für die Zukunft des deutschen Volkes aus meiner Kenntnis des deutschen Soldaten, des kleinen Musketiers. Er ist in meinen Augen der große Held gewesen. Auch natürlich die anderen Volksschichten haben alles getan, sicherlich. Aber es ist doch ein Unterschied gewesen. Der eine, der zu Hause an sich im Vermögen lebte und im Reichtum existierte, für den hat ja Deutschland damals ganz schön ausgesehen, der konnte an allem teilhaben, an der Kultur, an schönem Leben usw., konnte die deutschen Künstler, die deutsche Kunst und das alles konnte er genießen, er konnte durch die deutschen Lande fahren, er konnte deutsche Städte besichtigen usw., alles war für ihn schön. Daß der dann eintrat für das damalige Deutschland, war verständlich. Aber auf der anderen Seite, da war dieser ganz kleine Musketier, dieser kleine Prolet, der früher oft kaum genug zum Essen hatte, der sich immer abrackern mußte um sein Dasein und der trotzdem nun vier Jahre lang wie ein Held da draußen gekämpft hat. Auf den habe ich mein Vertrauen gesetzt, und an dem habe ich mich wieder aufgerichtet. Als die anderen daher an Deutschland verzweifelten, da habe ich im Blick auf diesen Mann wieder meinen Glauben an Deutschland gewonnen. Ich sagte mir, Deutschland geht gar nicht zugrunde, wenn es solche Menschen hat. Aber ich habe auch erlebt, wie diese Kämpfer als Soldaten immer in der Hinterhand waren, weil der andere sie einfach materialmäßig erledigen konnte. Ich war damals nicht der Überzeugung vielleicht, daß uns der Engländer auch nur einmal persönlich überlegen war. So ein Wahnsinniger, der sagt, ich hätte ein Minderwertigkeitsgefühl dem Engländer gegenüber! Die sind doch verrückt! Ich habe niemals ein Minderwertigkeitsgefühl gehabt. Das Problem, ein Deutscher gegen einen Engländer, war ja damals überhaupt nicht zur Diskussion gestellt. Das war überhaupt kein Problem. Das haben damals bereits um die ganze Welt gewünscht, damit sie Unterstützung bekamen.

Und ich war dieses Mal entschlossen, meinerseits in der Welt vorzubauen, um unsere Position zu erweitern, und zweitens im Innern uns so zuzurüsten, daß der deutsche Soldat nicht mehr verlassen oder, einer Übermacht preisgegeben, allein an der Front stehen muß.

Und nun ist der Kampf gekommen. Ich habe auch hier alles getan, was ein Mensch überhaupt tun konnte, fast bis zur Selbstentwürdigung, um es zu vermeiden. Ich habe den Engländern jenes Angebot gemacht. Ich habe mit ihren Diplomaten hier gesprochen und habe sie beschworen, sie möchten doch Vernunft annehmen. Aber es war nichts zu wollen. Sie wollten den Krieg, und sie haben auch gar kein Hehl gemacht. Seit sieben Jahren erklärt Mister Churchill: „Ich will den Krieg." Er hat ihn jetzt! Ich habe das bedauert, daß Völker gegeneinander kämpfen müssen, die ich so gerne zusammenführen wollte, die in meinen Augen miteinander was Gutes hätten stiften können. Aber wenn diese Herren das Ziel haben, den nationalsozialistischen Staat zu beseitigen, das deutsche Volk aufzulösen und wieder in seine Bestandteile zu zerlegen usw., wie ihre Kriegsziele ja lauteten und im Innern auch heute lauten, dann werden sie dieses Mal eine Überraschung erleben. Und ich glaube, diese Überraschung hat bereits begonnen.

Es sind unter Ihnen viele alte Weltkriegssoldaten, und die wissen ganz genau, was Raum und was Zeit heißt. Viele von Ihnen sind damals auch im Osten gewesen. Und alle die Namen, die Sie im Jahre 1939 lesen konnten, sind Ihnen ganz geläufig. Es sind vielleicht viele von Ihnen damals im schlechten Wetter oder in der brennenden Sonne aufmarschiert. Und es waren endlose Wege. Und wie schwer ist das damals erkämpft worden. Was hat das damals für Blut das damals erkämpft worden, um nur die Kilometer um Kilometer vorwärtszukommen. Und, meine Volksgenossen, in welchem Sturmschritt haben wir dieses Mal vor über einem Jahr diese Entfernungen

zurückgelegt! Achtzehn Tage, und der Staat, der uns vor Berlin zerhacken wollte, war beseitigt.

Und dann, dann kam der britische Überfallversuch auf Norwegen. Ich habe allerdings von jenen Engländern, die alles wissen, hören müssen, daß wir den Winter über geschlafen hätten. Und ein großer Staatsmann versicherte mir sogar, daß ich den Autobus versäumt hatte. Aber wir sind gerade noch zurecht gekommen, um vor den Engländern einzusteigen!

Überhaupt bin ich dadurch plötzlich wieder wach geworden. Und wir haben dann in wenigen Tagen diese norwegische Position uns gesichert hinauf bis Kirkenes. Und ich brauche Ihnen nicht zu erklären: Wo der deutsche Soldat steht, kommt kein anderer hin!

Und dann wollten sie es nun schlauer und noch schneller machen im Westen: Holland und Belgien. Und das führte zur Auslösung jener Offensive, der wieder viele gerade unserer älteren Männer mit banger Sorge entgegensahen. Ich weiß ganz genau, was viele damals dachten. Sie haben den Weltkrieg erlebt. Sie haben damals die Kämpfe um Flandern erlebt, die Kämpfe im Artois, sie haben erlebt die Kämpfe um Verdun. Und sie lebten alle unter der Vorstellung: Hier ist eine Maginot-Linie; wie soll das bezwungen werden, was wird das vor allem für Blut kosten, was wird das für Opfer kosten, und wie langsam geht das vielleicht! Und in sechs Wochen war dieser Feldzug ebenfalls beendet; Belgien, Holland und Frankreich niedergeworfen und die Kanalküste besetzt und dort nun unsere Batterien aufgebaut und unsere Stützpunkte eingerichtet. Und auch hier kann ich sagen: Keine Macht der Welt wird uns gegen unseren Willen aus diesem Gebiet entfernen können.

Und nun, meine Volksgenossen, die Opfer. Sie sind für den einzelnen sehr schwer. Die Frau, die ihren Mann verloren hat, sie hat das Höchste verloren, was sie besitzt. Und das Kind, das den Vater verloren hat, desgleichen, und die Mutter, die ihr Kind opferte, oder auch die Braut oder die Geliebte, die den Ihren ziehen ließen und ihn nimmermehr sehen; die haben alle ein großes Opfer gebracht. Wenn wir aber das zusammenrechnen, gemessen an den Opfern des Weltkriegs, so schwer es für den einzelnen ist, im gesamten ist es unvergleichlich klein sind sie. Bedenken Sie, wir haben noch nicht annähernd

als der Kampf zu Ende war, da haben wir auf allen Gebieten kaum eine Monatsrate unserer Produktion verbraucht. Wir stehen da heute gerüstet für jeden Fall. England mag tun, was es tun will. Es wird mit jeder Waffe größere Schläge bekommen. Und wenn es irgendwo auf dem Kontinent wieder einen Fuß fassen will, dann werden wir uns wieder vorstellen. Und ich hoffe nur eines: Wir haben nichts verlernt, hoffentlich haben die Engländer nichts vergessen.

Auch den Kampf der Luft, ich wollte ihn nicht. Wir nehmen ihn auf, wir führen ihn zu Ende. Ich wollte ihn nicht. Ich habe immer mich dagegen gewehrt. Wir haben im ganzen Polenfeldzug diesen Kampf nicht geführt. Ich habe keine Nachtangriffe machen lassen. Man sagte: „Ha, weil sie bei Nacht nicht fliegen können." Ja, ob wir bei Nacht fliegen können, das werden sie unterdes jetzt schon bemerkt haben. Aber man kann bei Nacht nicht so gut zielen. Ich wollte nur kriegswichtige Objekte angreifen, wollte nur an der Front angreifen, nur gegen Soldaten kämpfen, nicht gegen Frauen und nicht gegen Kinder. Deswegen taten wir es nicht. Wir haben es auch in Frankreich nicht getan. Wir haben keinen Nachtangriff auf Paris machten, sind nur die paar Rüstungsobjekte herausgegriffen worden. Unsere Flieger haben wunderbar gezielt. Da konnte sich jeder überzeugen, der das gesehen hat. Da fällt es diesem großen Strategen Churchill ein, den unbeschränkten Luftkrieg bei Nacht zu beginnen. Er hat mit Freiburg im Breisgau begonnen und hat das nun weitergeführt. Es ist überhaupt nicht ein Rüstungsbetrieb zerschmettert worden. Denn nach den englischen Nachrichten ist das hier sowieso nur noch eine Mondlandschaft. Aber sie haben keinen einzigen Rüstungsbetrieb außer Betrieb gesetzt. Sie haben allerdings viele unglückliche Familien getroffen, Frauen und Kinder. Ein Lieblingsziel von ihnen waren immer Lazarette. Warum? Man kann sich das nicht erklären. Sie wissen selbst, in Berlin, wie oft sie hier unsere Lazarette beworfen haben.

Gut, ich habe einen Monat gewartet, in der Meinung, daß nach der Beendigung des Frankreichfeldzuges die Engländer diese Art von Kriegführung aufgeben würden. Es war vergeblich. Ein zweiter, ein dritter Monat. Ja nun, wenn also sowieso Bomben geworfen werden, dann natürlich kann ich er

---

so viele Tote, als Deutschland, das heißt im wesentlichen ja Preußen 1870/71 im Kampf gegen Frankreich hatte. Für diese Opfer haben wir eigentlich den Ring um Deutschland gesprengt. Und die Zahl der Verwundeten ist ebenfalls eine ungeheuer mäßige; nur ein Bruchteil dessen, was wir selbst einst vorgesehen hatten.

Und nun, meine deutschen Rüstungsarbeiter, das verdanken wir natürlich unserer heroischen Wehrmacht, die von einem neuen Geist erfüllt ist, in die auch der Geist unserer Volksgemeinschaft eingezogen ist, die jetzt weiß, warum sie eigentlich kämpft. Wir verdanken das unseren Soldaten, die Ungeheures geleistet haben. Aber der deutsche Soldat dankt es auch Euch Rüstungsarbeitern, daß ihr ihm die Waffen gegeben habt. Denn zum erstenmal ist er dieses Mal angetreten nicht etwa mit dem Gefühl der geringeren Zahl oder der Unterlegenheit der Waffe, sondern auf jedem Gebiet war unsere Waffe besser. Das ist Euer Verdienst, das Ergebnis Eurer Werkmannsarbeit, Eures Fleißes, Eures Könnens und Eurer Hingabe! Und wenn heute Millionen deutsche Familien noch ihren Ernährer besitzen, für die Zukunft wieder haben werden, wenn unzählige Familien ihre Väter, wenn unzählige Mütter ihre Söhne haben, dann verdanken sie das Euch, meine Rüstungsarbeiter. Ihr habt ihnen die Waffen gegeben, durch die sie so siegen konnten, Waffen, die sie heute so zuversichtlich sein lassen, daß jeder Soldat weiß: Wir sind nicht die besten Soldaten der Welt, sondern wir haben auch die besten Waffen der Welt, in der Zukunft erst recht.

Das ist der Unterschied zum Weltkrieg. Aber nicht nur das, vor allem auch, der deutsche Soldat hat dieses Mal Munition. Ich weiß nicht, meine Volksgenossen, wenn man hinterher nach dem Kriege einmal vielleicht das genau nachrechnet, wird man vielleicht sogar sagen: „Herr" — sie meinen mich —, „Sie waren ein Verschwender. Sie haben Munition machen lassen, die ist gar nicht gebraucht worden, das liegt ja alles da!" — Ja, meine Volksgenossen, ich habe Munition machen lassen, weil ich den Weltkrieg erlebt habe und weil ich das vermeiden wollte, und weil ich mir sagte: Granaten kann ich ersetzen, Bomben kann ich ersetzen, Menschen nicht! Und so ist in diesem Kampf das Munitionsproblem überhaupt kein Problem gewesen, nur vielleicht das Nachschubproblem. Und

vor dem deutschen Volk nicht verantworten, meine eigenen Volksgenossen zugrundegehen zu lassen und fremde zu schonen, sondern dann muß eben auch dieser Krieg geführt werden. Und er wird jetzt geführt! Er wird geführt mit der Entschlossenheit, die uns zur Verfügung stehen. Und wenn die Tapferkeit, die uns zur Verfügung stehen. Und wenn die Stunde der endgültigen Auseinandersetzung da sein wird, dann wird auch diese Auseinandersetzung kommen. Das eine möchte ich aber den Herren gleich sagen: Die Zeit dafür, die bestimmen wir. Und ich bin da vorsichtig. Wir hätten auch noch im Herbst des vergangenen Jahres vielleicht ihn auch angreifen können. Aber ich wollte gutes Wetter abwarten. Und ich glaube, das hat sich auch gelohnt. Wir sind so selbst überzeugt vom Erfolg unserer Waffen, daß wir uns das schon erlauben können. Das deutsche Volk wird die Zeit unbedingt aushalten. Ich glaube, das deutsche Volk wird mir dankbarer sein, wenn ich lieber öfter mit der Zeit etwas warte und ihm dafür viele Opfer erspare. Auch das gehört zum Wesen des nationalsozialistischen Volksstaates, daß er selbst im Krieg dort, wo es nicht unbedingt notwendig ist, die Menschen spart und schont. Es sind immer unsere Volksgenossen. So haben wir schon im Polenfeldzug in manchen Fällen Verzicht geleistet auf Angriffe, auf ein forsches Vorgehen, weil wir der Überzeugung waren, daß acht oder zehn oder vierzehn Tage später das Problem von selber dann reif wird. Und wir haben hier große Erfolge erzielt, ohne oft auch nur einen einzigen Menschen dann zu opfern. Und das war auch im Westen so, und das soll auch in der Zukunft so bleiben. Wir wollen keine Prestigeerfolge erzielen, keine Prestigeangriffe machen, sondern wir wollen uns immer hier nur nach ausschließlich nüchternen militärischen Gesichtspunkten leiten lassen. Was geschehen muß, das muß geschehen. Alles andere wollen wir vermeiden. Und im übrigen haben wir alle nur die Hoffnung, daß einmal die Stunde kommt, in der wieder die Vernunft siegt und in der der Friede einkehrt. Eines muß die Welt aber zur Kenntnis nehmen: Eine Niederlage Deutschlands wird es wieder militärisch noch zeitgemäß noch wirtschaftlich geben! Was immer auch geschehen mag, Deutschland wird aus dem Kampf siegreich hervorgehen. Ich bin dafür der Mann, der einen Kampf, den er einmal aufgenommen hat, zu eigenen

175

Ungnaten abbricht. Ich habe das in meinem ganzen bisherigen Leben bewiesen. Ich werde es den Herren, die mein bisheriges Leben ja nur aus ihrer Emigrantenpresse kennenlernten, auch nach außen hin beweisen, daß ich hier genau der gleiche geblieben bin.

Ich habe in der Zeit, in der ich in das politische Leben eintrat, meinen Anhängern — es war das eine ganz kleine Schar von Soldaten und Arbeitern damals gewesen — erklärt: In unserem Lexikon und in dem meinigen gibt es ein Wort überhaupt nicht: das Wort „Kapitulation". Ich wünsche nicht den Kampf. Wenn er mir jemals aber aufgezwungen wird, dann werde ich ihn führen, solange in mir auch nur ein Atemzug lebendig ist. Und ich kann ihn heute führen, weil ich es weiß, daß hinter mir das ganze deutsche Volk steht. Ich bin heute der Wahrnehmer seines kommenden Lebens, und ich handle dementsprechend. Ich hätte mir mein eigenes Leben bequemer gestalten können. Die Fähigkeit dazu hätte ich gehabt. Ich habe alle diese endlosen Sorgen und alle diese nie abreißende Arbeit auf mich genommen in dem einen Bewußtsein, daß das geleistet werden muß für unser deutsches Volk. Und es spielt dabei auch mein Leben und meine Gesundheit gar keine Rolle.

Ich weiß, daß in diesem Geist heute hinter mir steht vor allem die deutsche Wehrmacht, Mann für Mann, Offizier um Offizier. Alle diese Narren, die sich einbildeten, daß es hier jemals Risse geben könnte, die haben ganz vergessen, daß das Dritte Reich nicht mehr das Zweite ist. Aber genau so weit geschlossen heute das deutsche Volk. Und hier danke ich vor allem dem deutschen Arbeiter und dem deutschen Bauern. Die zwei haben mir es ermöglicht, diesen Kampf vorzubereiten, rüstungsmäßig die Voraussetzungen zum Standhalten zu schaffen, und die zwei schaffen mir auch die Möglichkeit, diesen Kampf, ganz gleichgültig, wie lange er dauern sollte, durchzuführen.

Und ich danke dabei aber noch besonders der deutschen Frau, jenen unzähligen Frauen, die jetzt zum Teil die schwere Arbeit von Männern verrichten müssen und die sich mit Liebe und mit Fanatismus in ihren neuen Beruf hineingefunden haben und die an vielen Stellen die Männer so gut ersetzen. Ich danke Ihnen allen, die diese Opfer persönlicher Art bringen, die vielen Einschränkungen, die notwendig sind, ich

176

danke Ihnen im Namen all derjenigen, die heute das deutsche Volk repräsentieren und die in der Zukunft das deutsche Volk sein werden. Denn dieser Kampf ist nicht nur ein Kampf um die Gegenwart, sondern er ist in erster Linie ein Kampf um die Zukunft.

Ich habe es am 3. September 1939 ausgesprochen, daß weder die Zeit uns besiegen wird, daß uns auch keine wirtschaftlichen Schwierigkeiten jemals niederzwingen werden und daß noch viel weniger die Waffen uns besiegen können. Das ist möglich für die Verwirklichung dessen ist garantiert durch die Haltung des deutschen Volkes. Die Verwirklichung dessen wird aber dem deutschen Volk in der Zukunft einen reichen Lohn bringen. Denn, meine Volksgenossen — Sie müssen mich da schon als Ihren Garanten ansehen —, wenn wir diesen Krieg gewonnen haben, so haben ihn nicht gewonnen ein paar Kapitalisten oder ein paar Adlige oder ein paar Bürgerliche oder irgend jemand. Sie müssen da in mir Ihren Garanten sehen. Ich bin aus Euch hervorgegangen, für dieses breite deutsche Volk habe ich zeit meines Lebens gekämpft, und wenn dieser schwerste Kampf meines Lebens beendet sein dann kann er nur seinen Abschluß finden für eine neue Arbeit für das deutsche Volk. Wir alle haben hier große Pläne uns gesetzt schon jetzt, große Pläne, die alle auf ein Ziel hinausgehen: den deutschen Volksstaat nun erst recht aufzurichten und ihn immer mehr auszugestalten, das deutsche Volk immer mehr hineinzuführen in die große Geschichte unseres Daseins, aber ihm auch zugleich alles das erschließen, was das Dasein lebenswert macht, immer mehr die Hemmungen zu beseitigen. Wir haben uns entschlossen, alle, die Schranken immer mehr einzureißen, die dem einzelnen gesetzt sein können, in seiner Fähigkeit emporzustreben, den Platz einzunehmen, der ihm gebührt. Wir sind des festen Willens, daß wir einen Sozialstaat aufbauen, der vorbildlich sein muß und sein wird auf allen Gebieten des Lebens. Wir sehen darin dann erst den endgültigen Sieg.

Denn wir haben es ja bei den anderen gesehen. Die haben ja vor 20 Jahren scheinbar gesiegt. Was ist denn aus ihrem Sieg geworden? Gar nichts ist geworden. Elend und Jammer, Erwerbslosigkeit ist geworden. Sie haben ihren Kampf nur gekämpft für ihre verfluchte Plutokratie, für diese paar Dynastien, die ihre Kapitalsmacht verwalten, die paar Hundert, die letzten Endes diese Völker dirigieren.

Das soll uns allen eine Lehre sein. Wenn dieser Krieg abgeschlossen sein wird, dann soll in Deutschland ein großes Schaffen beginnen. Dann wird ein großes „Wache auf!" durch unsere deutschen Lande ertönen, dann wird das deutsche Volk die Fabrikation der Kanonen einstellen und wird dann beginnen mit den Werken des Friedens, unserer neuen Aufbauarbeit für die Millionenmassen. Dann werden wir erst der Welt zeigen, was in Wirklichkeit der Herr ist und wer der Herr ist: Kapital oder Arbeit. Und dann wird aus dieser Arbeit jenes große Deutsche Reich erstehen, von dem einst ein großer Dichter träumte. Es wird das Deutschland sein, dem jeder Sohn mit fanatischer Liebe anhängen wird, weil es auch für den Ärmsten die Heimat sein wird. Es wird auch für den tätig sein und wird auch dem das Leben erschließen.

Wenn mir aber einer sagt, das ist eine Zukunftsphantasie, eine Hoffnung — meine Volksgenossen, als ich im Jahre 1919 meinen Weg begann als unbekannter, namenloser Soldat, da habe ich die größte Zukunftshoffnung, mit größter Phantasie mir aufstellen müssen. Sie ist verwirklicht. Was ich heute mir als Plan setze und als Ziel aufstelle, ist gar nichts im Vergleich zu dem, was an Leistung und an Erfolg schon hinter uns liegt. Das wird eher und sicherer erreicht werden als das, was bisher erreicht werden mußte. Denn der Weg vom Namenlosen, Unbekannten bis zum Führer der deutschen Nation war schwerer als der Weg vom Führer der deutschen Nation zum Gestalter des Friedens. Einst habe ich anderthalb Jahrzehnte lang um Euer Vertrauen kämpfen und ringen müssen. Heute kann ich dank Eurem Vertrauen für Deutschland kämpfen und ringen. Und einmal kommt dann wieder die Zeit, in der wir gemeinsam vertrauensvoll wieder ringen werden für dieses große Reich des Friedens, der Arbeit, der Wohlfahrt, der Kultur, das wir aufrichten wollen und das wir aufrichten werden!

Ich danke Euch!